マダム市川の
Elegant エレガントな
おもてなしレッスン Lesson

市川吉恵

市川流のおもてなしは、「3ない主義&トリプルA」。だから気楽に、優雅にできるのです

昔からのもてなし好きが高じて、暮らしのアイディアやちょっとした気づかいを盛り込んだ『気楽なおもてなしサロン』を自宅で開講しています。コンセプトは"簡単だけど優雅に"。そんな私流のテクニックをご紹介させていただきます。

「おもてなしをしてみたいけれど、豪華なテーブルウェアもないし、手の込んだ料理を作る自信もない……」、そんなふうに感じていませんか？　あるいは、おもてなしをしたことのあるかたは、お掃除や買い物、テーブルセッティングにお料理と、準備でエネルギーを使い果たし、お客さまがいらしたときはヘトヘト状態、「おもてなしは疲れるから気がすすまない」という経験はないでしょうか。

私のおもてなしは、「3ない主義&トリプルA」です。お金も手間も時間もかけないけれど、愛情・アイディア・遊び心はたっぷりかけよう、という意味です。お料理にかける金額は1人あたり1000円までが目安で、メニューは作りなれたものに。ときには買ってきたお総菜も使います。食器はふだんづかいのもので

現地で買い求めたベトナムのバッチャン焼。いまでは100円ショップでも手に入るんですね！　チープな食器でも素敵なおもてなしは可能です。かえってお客さまを楽しませることにも通じると思います。

すし、テーブル小物がないときは簡単な手作りで対応する方法もあるのです。

でも、優雅なおもてなしはできるのです。なぜなら、「テーブルセッティングやお料理の盛りつけまでトータルな雰囲気の演出」をするだけなのですから。そのテクニックをステップアップ式に、できるだけわかりやすくまとめてみました。

この本では、いろいろなコーディネートを参考にしていただくために、多種多様な食器やテーブルウェアを使っていますが、何をどんなふうに使っているかなど、アイディアや発想の部分に注目していただきたいのです。「このような食器がなければできない」というものではないことを、最初に申しあげておきたいと思います。そして「こんな使い方もできるのね」というアイディアをくみとっていただけたら幸いです。

おもてなしでいちばん大切なのは、招いた人も招かれた人も、心から楽しく過ごすこと。忙しい日々の生活のなかで楽しく優雅にひとときを過ごすことが、どれほど心の栄養剤になるかしれません。豊かな精神はこのようなかたちでも育まれていくのではないでしょうか。

おもてなし初心者のかたは、最初はお茶の時間から始めましょう。お菓子は好きなお店で買ってきたものでもいいですし、お茶もティーバッグでかまいません。そうして少しずつステップを重ねて、あなたがおもてなし上手になれるお手伝いができたら、と願っています。

Contents

Arrange 2 —— 夏のカレーランチ　66
● えびのカレー&レーズンライス　70　● アスパラとじゃがいものサブジ　71　● サンディッシュ　71
Variation　ベトナム　72

Arrange 3 —— 秋のハロウィンランチ　74
● ハロウィンムース　78　● もちもちパンプキンパイ　79
● ピリ辛キャロットサラダ　80　● ハロウィンケーキ　81
Variation　お月見　82
Column3　市川流ハウスキーピングなら突然の来客でも大丈夫　84

Arrange 4 —— デパ地下クリスマス　86
デパ地下総菜アレンジメニュー　90
● ベークドホワイトクリスマス　91

Arrange 5 —— ホワイト・クリスタル・クリスマス　92
● アボカドムース クラッカー添え　96　● リースのサラダ　97
● チキンとサーモンのカリカリ焼き　97
● シーフードピラフ ホワイトソースかけ　98　● 特製パイリース　99
Variation　お正月　100
娘のおもてなし　102
Column4　部屋が散らからない収納法があります　106
エレガントなテーブルの実践ステップ4………テーブルが華やぐ食器の重ねテクを覚えましょう　108
エレガントなテーブルの実践ステップ5………遊び心を感じるナプキンのアレンジを工夫しましょう　110

テーブルクロスの美しい敷き方　112
テーブルを演出する小物のアイディア　114
手軽におしゃれに!! おすすめ食材　118
準備のタイムテーブル　120
おもてなしを成功させるQ&A　123
くわしく知りたい人のために　125
おわりに　126

※レシピで使用している電子レンジの加熱時間は、500Wのものを使用したときの目安です。400Wのものなら時間を2割増に、600Wなら2割減を目安に調整してください。なお、機種によって多少異なることもありますので、様子をみながらかげんしてください。

目次

●マダム市川のエレガントなおもてなしレッスン

はじめに　2

Lesson 1 …………お茶の時間のおもてなし

Basic Lesson — お茶のテーブルをつくってみましょう　9

5分で完成 テーブルセッティング　10

お菓子の盛りつけマジック　12

Arrange 1 — 中国茶のおもてなし　14

工夫茶をいれてみましょう　18

Arrange 2 — カジュアルな抹茶の席　20

● そば蒸し羊羹2種　24　● 若草色のつるるんデザート　25

● ぎゅうひの安倍川風　26　● 抹茶のムース　27

Arrange 3 — 本格的なアフタヌーンティー　28

紅茶のおいしいいれ方　32

● スコーン　34　● アップルケーキ　35　● 5種類のフィンガーサンドイッチ　36

Column1 招く側&招かれる側のマナー　38

エレガントなテーブルの実践ステップ**1**……メインカラーとサブカラーの法則をしっかり覚えましょう　40

エレガントなテーブルの実践ステップ**2**……クロスとランチョンマットの色づかいで季節を演出してみましょう　42

エレガントなテーブルの実践ステップ**3**……雰囲気の決め手＝センターピースを工夫しましょう　44

Column2 いちばん身近で大切な家族をもてなしましょう　46

Lesson 2 …………季節別 ランチで気軽なおもてなし

Basic Lesson — ランチのテーブルをつくってみましょう　50

まず、そろえたい食器は4種類　54

Arrange 1 — 春のさくらランチ　56

● さくらにぎり　60　● さくらシューマイ　61　● 春色サラダ　62　● 花びら大福　63

Variation イースター　64

お茶の時間のおもてなし

「お茶の時間」は、それそのものがとてもエレガント。
ゆったり優雅なひとときは何より心を豊かにしてくれます。
午後の短い時間ででき、お料理の手間も少ないティータイムから、
おもてなしのレッスンをはじめましょう。
むずかしく考えることはありません。少しの工夫とアイディアがあれば、
ふだんづかいのカップや買ってきたお菓子とサンドイッチでも大丈夫。
お料理を手作りするとしても、ごく簡単でいいのです。
さあ、テーブルセッティングからお料理まで、
おもてなしのハウツーを、お茶の時間でマスターしましょう。

Lesson 1

Basic Lesson

お茶のテーブルをつくってみましょう

おもてなしの雰囲気をつくることは、実はそんなにむずかしくありません。
特別なカップやお皿でなくても、テーブルクロスをかけたり、盛りつけを工夫したり、
ひと手間をかけるだけで、あっという間にティータイムのおもてなしが完成します。

POINT 1

テーブルセッティングは クロス＋センターピースが基本です

たった１枚のテーブルクロス。それがあるのとないのとでは、空間そのものがちがって見えませんか。さらにお花屋さんで買ってきたテーブルブーケをセンターピースにすれば、優雅で素敵な雰囲気が完成します。時間にしてわずか５分。手早く簡単にテーブルをがらりと変える基本のテクニックをご紹介します。ここでテーブルセッティングのポイントを習得しましょう。

POINT 2

市販のお菓子も 盛りつけでおしゃれに

目に訴えかける魅力的な盛りつけは、おいしさのカギをも握っています。そのうえ盛りつけによってオリジナリティが感じられると、たとえ市販のお菓子でも手作りのぬくもりが加わります。ポイントはハーブなどで彩りを添えることと食べやすい大きさにすること。いまひとつ盛りつけがきれいにいかないというかたも、ここでポイントを身につけましょう。

5分で完成 テーブルセッティング

用意するものはテーブルクロスとセンターピース、食器。時間も手間もかからずにエレガントなお茶の空間ができるので、これからは「今日、お茶を飲みに来ない？」なんてお友達を気軽に誘いたくなるはず。その気楽さも実感してください。

いつものテーブル

シンプルなテーブルにティーセットを置いただけ。ナチュラルといえばそうですが、なんとなく寂しい感じがしませんか。ゆっくり過ごしてほしいという気持ちを表すには、少しもの足りません。

1 テーブルクロスを広げましょう

テーブルクロスを敷くのはテーブルの表情と空間の雰囲気を変えるため。テーブルクロスの下にアンダークロスを敷くと、音がたちにくくなるうえ、テーブルクロスがずれる心配もなくなります。

2 センターピースを飾りましょう

テーブルの中央に飾るものをセンターピースと呼びます。センターピースは、季節感やおもてなしのテーマの決め手となるものなので、ぜひテーブルに加えましょう。人の顔が見えるように高さには気をつけて。

3 ティーカップをセットしましょう

ティーカップ＆ソーサーは右手に。スプーンは英国式では右側に縦にセットします。ケーキ皿は直径14～16cmが使いがってがよく、おすすめです。食器はおそろいにこだわらず、ケーキ皿を柄物にするなどしても。

ティーポットとミルクピッチャー、ペーパーナプキンとフォークをセットしてできあがり。ティーポットやミルクピッチャーも、直接置かず、お皿を敷いてみました。こうするだけで優雅な雰囲気がアップします。

お菓子の盛りつけマジック

ティーフードと呼ばれるサンドイッチや焼き菓子。ここでは買ってきたものでもおもてなしの心が伝わる、盛りつけ法をマスターしましょう。写真を見比べてみてください。カットしたり彩りを加えるだけで、華やかでおしゃれな雰囲気に変身します。

いつもの盛りつけ

買ってきたサンドイッチとシュークリーム、コルネをそのまま白いお皿に並べました。おいしそうですが、なんとなく雑然とした印象。見た目に限らず、手にとりやすいか、食べやすいかという点でもいまひとつといったふう。

1 切るだけで、盛りつけも食べやすさも配慮できる

食べやすい大きさにして盛りつけることは、おもてなしの大切な心づかいです。コルネを3㎝ほどのひと口大にカットしてミントやフルーツとともに盛りつければ、気軽につまめて見た目もきれい。

2 数種類のケーキを買うよりひとつのお菓子を工夫して

お菓子は、プチサイズのものを数種類用意するのがベター。そこで、シュークリームを2種類のプチフールにしてみました。カスタードクリームは市販のプチタルトカップに、シュー皮は適宜切って添える。

3 彩りをプラスしてフレッシュ感をアップ

市販のサンドイッチに作りたてのような新鮮さを感じさせるために、彩りをプラスしましょう。フルーツやミントを散りばめれば、ティーフードらしい優雅さが醸しだされます。エディブルフラワーもおすすめ。

テーブルセッティングと盛りつけを工夫するだけでこんなに華やかに変身しました。「午後のひとときをゆったりと」、そんな想いがあふれているように感じられるテーブルでは、自然とおしゃべりもはずみます。

Arrange 1

中国茶のおもてなし

このところ人気が定着してきた中国茶。中国茶のお店も増えて、
茶葉や茶道具もずいぶん手に入りやすくなってきました。
よく目にする小さな茶器を使う作法は工夫茶というもので、日本の茶道のようなもの。
でも意外とルールは厳格ではなく、むしろかなりお気楽。
作法をなんとなく覚えてしまえば、それらしい雰囲気をだすのは簡単です。
リーズナブルな中国雑貨を使ったテーブルセッティングをしたら、
たちまち本格的！ 茶道具がなくても急須やおちょこなど、
どこの家庭にもありそうな器でどんどん代用できてしまいます。

アースカラーに赤をきかせて

アジアンやエスニックには、アースカラーをもってくると、それらしい感じがでます。中国では赤がおめでたいとされているので、ポイントにもってくるといいでしょう。テーブルランナーはストールなどで代用しても。

茶系のアートフラワーでシックに

明るい花などをもってくるとちぐはぐになってしまうので、ここでは薄茶系のアートフラワーを使用。庭先やベランダの花を中国らしい陶器に生けるのも素敵です。ガラス素材はミスマッチ。かごなど自然素材にこだわって。

「今日は中国茶にしてみたの」
さりげなく言ったけれど、実はけっこう誇らしい。
おもてなし上級者の気分

抹茶色のテーブルクロスと、中国雑貨店で手に入れたリーズナブルなテーブルランナー、ランチョンマット、お箸のセットをセッティング。センターピースは、花に限らず人形や置物でも素敵です。中国茶は経験者にも初体験の人にも大人気。いつものウーロン茶を見直した、なんて言う人もいます。

まわりにも中国っぽい演出をしてみると空間が広がります

余力があれば、リビングのクッションカバーなどにも中国グッズを施してみましょう。テーブル周辺だけでなく部屋全体がチャイニーズな空気に包まれます。写真（右）の器の下に敷いてあるのはテーブルで使用しているのと同じランチョンマットを２枚並べただけ。

工夫茶のセットはテーブル脇に置いて本格派の立役者です

中国茶はグラグラと沸騰した湯でいれることがほとんどなので、テーブルの脇に小テーブルなどを置いて工夫茶の道具をセッティングします。こうするといかにも本格的な雰囲気が漂ってきます。使わないとしても飾りとして登場してもらってもよさそうです。

お菓子はドライフルーツや中国菓子を小さく盛りつけて

このかごはもともと工夫茶の器を入れて持ち歩くためのもの。中に仕切りになるような小さな器を並べて、数種類のドライフルーツやナッツを盛りつけました。指先でつまめる大きさにするのがポイント。ひと口でいただける中国菓子を用意してもいいですね。

センターピースは実ものの花を竹のかごに飾ってみても素敵です

中国ではよくこんな竹細工が使われています。手近に似たようなものがあればぜひ利用してみましょう。中に生けてあるのは実ものをメインにしたアートフラワーですが、ドライフラワーでも同じような演出ができると思います。

工夫茶をいれてみましょう

ここでは工夫茶の代表的ないれ方といただくときの作法、そして中国茶器のかわりになるポピュラーな器をご紹介します。

聞香杯（ウェンシアンベイ）という細長い小さな器で香りを存分に堪能してから、茶杯（チャーペイ）でお茶を味わう工夫茶。日本の茶道に比べて特別な作法はありませんが、右手で器を持って左手を添え、鼻先まで持っていき、わずかに器を動かしたりしながら香りを楽しみます。お茶をいただくときは右手で茶杯を持って口元があまり見えないようにします。でも、それほどこだわらなくてもいいと思います。

中国茶のお店のなかには、工夫茶に高級な茶葉を使っていいお値段でだしているところがありますが、ふだん飲むものと同じか、せいぜいワンランク上ぐらいでけっこうおいしくいただけるものです。

中国茶は香りを楽しむものと言ってもいいほど。よい香りを引き出すにはグラグラ沸いた湯を使うのがポイントです。気楽に構えて、お茶をいれるプロセスや、いただくときの簡単な作法を楽しめるぐらいのゆとりをもちましょう。

こんな器で代用できます

工夫茶のために茶道具を一式そろえなくては、と考える必要はありません。茶壺なら小さめの急須で、茶海はやや大きめのミルクピッチャーで大丈夫。聞香杯と茶杯のセットはそばちょこやおちょこで、トレイは小皿で代用できます。

1

茶壺《チャーフー》と茶海《チャーハイ》、聞香杯と茶杯をあたためます

湯が沸いたらまず茶壺に注ぎ、あたためます。1分ほど待ってから、茶壺の湯を茶海へ注ぎましょう。そこから聞香杯、茶杯へと移しかえていきます。器はすべて小さめなので、やけどをしないように注意して。動作はゆっくりと、お客さまとの会話も忘れずに。

2

茶壺に好みの茶葉を適量入れましょう

茶葉を茶缶からとり出すときに使う道具を茶則（チャーザー）といいます。だいたい2杯程度ですが、目安としては茶壺の底がほぼ見えなくなるぐらいの量を入れます。茶壺は茶船（チャーチュアン）と呼ばれる器の上に置きます。和食器の鉢を使ってもOK。

3

茶壺に沸騰した湯を注ぎましょう

グラグラと沸騰した湯を茶壺に注ぎますが、最初は湯を入れたあとすぐに捨ててしまいます（日本や台湾で買った中国茶はこのプロセスはなくても大丈夫）。それから、1煎目の湯を注ぎます。ふたがかなり熱くなっているので、扱いに注意して。

4

茶壺に沸騰した湯を注ぎかけましょう

茶壺にふたをしたら、外側から沸騰した湯を2～3回まわしかけます。これは、効果的に茶葉を蒸らし、保温するためのプロセスです。茶船を使うのはこのときの湯を受けるため。蒸らす時間の目安は茶壺の表面が乾くまで。

5

茶海に茶壺のお茶をあけましょう

人さし指でふたを軽く押さえながら茶海にお茶をあけていきます。茶壺にお茶を残さないようにしっかり注ぎきりましょう。茶海に移すことでお茶の濃さが均一になり、よりおいしくいただくことができます。このあとそれぞれの聞香杯に注ぎます。

6

聞香杯から茶杯へお茶を移しましょう

中国茶は上等な茶葉であればあるほど何煎も楽しむことができます。だいたい3～4煎は香りも楽しめます。茶杯に移しかえたあと、聞香杯に残った香りを存分に堪能しましょう。そして、茶杯でお茶を味わいます。

カジュアルな抹茶の席

お抹茶は大好きなのですが、敷居が高いのや堅苦しいのが苦手な私。
ずっと以前からもっとカジュアルにお抹茶をいただけないかな、と考えていました。
現代ではほとんどのお宅がテーブルで生活しているのですから、
椅子に座っていただくお抹茶があってもいいのではないかしら……
そんな想いをかたちにしたのが、このおもてなしスタイルです。
暑い夏も涼しげに感じられる藍のテーブルに、ひと工夫加えた人気の抹茶シェイク。
とっても簡単で、買いに行くより早い、自慢の手作り和菓子をいくつも添えて。
粋なおしゃべりが、たちまちテーブルを囲みます。

COLOR

藍×白と濃い茶色できりり

藍色をメインに、くっきりとした白と引き締め役の濃い茶色をサブカラーにします。涼やかな感じがでるようにすりガラスを上手に使いましょう。ガラス製のボウルや鉢などでもOK。

CENTER PIECE

印象的なモチーフを集める

江戸の夏をイメージさせる象徴的なものは、朝顔や金魚、花火。それらをまとめて演出すると、テーマがはっきりしてテーブルがまとまります。金魚はガラス器にビー玉などといっしょに。朝顔はアートフラワー。

Arrange 2

身近な和の雑貨を工夫して モチーフを繰り返すといっそう効果的

金魚売りや朝顔市などは江戸時代の庶民のなかから生まれた文化。そんな江戸の象徴をセンターピースから箸置き、手ぬぐいを半分にカットして作ったナプキンなどにリンクさせて、遊び心を強調しました。ガラス鉢に泳がせたのは金魚の箸置きです。

ゆかたのはぎれを折っただけで 風流なテーブルランナー完成

テーブルランナーにした藍の布地は、実はゆかたのはぎれとして売られていたもの。細長い反物なので、テーブルに合わせてちょうどよい幅になるよう端を折っていけば完成。しっかり指先で折ればアイロンがけも、縫うことも必要なし。お手持ちの布でぜひお試しを。

抹茶といえばいえなくもない 意表を突くヘルシードリンク

これは抹茶ミルク？　いいえ、実は抹茶風味の大麦若葉青汁を豆乳に入れてシェイクしたものです。おだしして聞かれたときに種明かしをすると、みなさん大ウケ。健康的でおいしいし、「これなら私もできそう」と、さっそくやってくださるかたもいらっしゃいます。

涼しい部屋で夏のお茶会。和菓子に抹茶、つきない話題。次はいつにする？と気の早い約束も

お菓子はどれも簡単なうえ、前日に作っておけるから、当日はテーブルにのせるだけ。和菓子が作れるってちょっと自慢です。どれもアレンジしだいでどの季節にも応用できます。ムース以外は余ったらお土産にすることも可能。それを見込んで多めに作っても。

ほっくりとしてなめらかな、老舗和菓子店の味!?

そば蒸し羊羹2種

まぜてレンジで加熱するだけ。材料さえあれば買いに行くよりも早くできる和菓子です。あずきのそば蒸し羊羹は好みでごま油を入れても。そら豆を枝豆にかえたり、アレンジ自在。

あずきのそば蒸し羊羹

材料（6～7切れ分）

そば粉……⅛カップ

粒あん（市販品）……¾カップ

作り方

1.耐熱ボウルにそば粉を入れて熱湯（ポットの湯でOK）大さじ１弱を注ぎ、まぜ合わせる。全体にまざったら粒あんを加え、よくまぜる。

2.生地のまん中を少しへこませてボウルにラップをふんわりとかける。電子レンジで１分半加熱し、とりだしてよくかきまぜる。再びラップをふんわりとかけ、さらに30秒ほどレンジで加熱する。

3.巻きすの上にラップを広げ、あたたかいうちに②をのせて巻き、棒状に形づくる。

4.冷めたら好みの大きさに切る。

※③までを前日に準備し、あら熱がとれたら冷蔵庫に入れて保存する。当日は盛りつけだけに。

材料（6～7切れ分）

そば粉……⅛カップ

白あん（市販品）……¾カップ

冷凍そら豆……約20粒

作り方

1.耐熱ボウルにそば粉を入れて熱湯（ポットの湯でOK）大さじ１弱を注ぎ、まぜ合わせる。白あんを加えて全体によくまぜる。

2.冷凍そら豆を電子レンジで解凍し、皮をむく。約半量を半分に割って①とまぜ合わせる。

3.あずきの場合と同様にレンジで１分半加熱し、よくまぜてから残りのそら豆を加えてまぜ合わせる。

4.巻きすの上にラップを広げ、③をのせて巻き、棒状に形づくる。

5.冷めたら好みの大きさに切る。

※④までを前日に準備し、あら熱がとれたら冷蔵庫に入れて保存する。当日は盛りつけだけに。

そら豆のそば蒸し羊羹

のど越しさわやか、目にも涼しげな冷菓です
若草色のつるるんデザート

夏の和菓子として人気の水まんじゅうをくずもち風にしたら、ひとつひとつ型を使わなくてすんでとっても簡単。白ぬれ甘納豆がない場合は市販の煮豆を使ってもおいしくできます。

材料（14cm×11cmの角型）

水まんじゅうのもと……25g
砂糖……60g
白あん……100g
抹茶……小さじ1
白ぬれ甘納豆……½パック

作り方

1. 耐熱ボウルに水まんじゅうのもとと砂糖を入れてよくまぜ、水200mℓを加えながら泡立て器でかくはんする。
2. ①をラップなしで電子レンジで３分加熱する。
3. 白あんに抹茶を加えてよくまぜる。
4. ②に③を加えてよくまぜ、ラップをせずにレンジで３分加熱する。
5. 流し缶の底に甘納豆を敷き詰め、その上から④を流し入れる。あら熱がとれたら冷蔵庫でよく冷やす。
6. ⑤を８等分に切って盛りつける。

※⑤までを前日に準備する。

このやわらかさ、たまらない！ 懐かしの定番

ぎゅうひの安倍川風

電子レンジで失敗なしのぎゅうひを熱々のうちにちぎって、たっぷりきな粉をまぶします。どこか懐かしい、飽きることのない味は大人気。水あめをまぜるとしっとり感がでます。

材料（4〜6人分）

白玉粉……50g
砂糖……50g
水あめ……大さじ1
きな粉……大さじ4
黒みつ……大さじ3
（きな粉と黒みつは好みで量をかげんして）

作り方

1. 耐熱ボウルに白玉粉を入れ、水75〜100mℓを少しずつ加えてまぜる。砂糖を加え、なめらかになるまでよくまぜ合わせる。
2. 電子レンジで２分加熱し、いったんとりだしてねるようにまぜ、再び１分半加熱する。ぷーっとおもちのようにふくれてきたらOK。
3. ②が熱いうちに水あめを加え、ねりまぜる。
4. きな粉を振ったまないたの上に③を置き、上からもきな粉を振りかけて、ひと口大にちぎる。
5. 皿にきな粉ごと盛りつけて黒みつをかける。

ふんわりムースと果物＆ぎゅうひのハーモニー

抹茶のムース

パフェに見立てた抹茶のムースは、老若男女を問わず喜ばれる一品。中に入れるぎゅうひは「ぎゅうひの安倍川風」といっしょに作れば手間いらず。果物は季節のものをお好みでどうぞ。

材料（4～6人分）
抹茶……大さじ1
砂糖……大さじ3
牛乳……100mℓ
ゼラチン……5g
生クリーム……150mℓ
パンケーキ（市販）……1枚
キウイ……1個
粒あん（市販）……適量
ぎゅうひのだんご……適量
（ぎゅうひの材料と作り方は「ぎゅうひの安倍川風」の③までを参照）
かたくり粉（打ち粉用）……適量

作り方

1. ゼラチンは水大さじ3で湿らせ、電子レンジで20～30秒加熱してとかす。
2. ぎゅうひは「ぎゅうひの安倍川風」の作り方③までを参照に作る。
3. かたくり粉を振ったまないたの上に②を置き、上からもかたくり粉を振りかけて、ひと口大にちぎる。
4. ボウルに抹茶と砂糖を入れてまぜ合わせ、牛乳、①を加えてよくまぜ合わせる。
5. 生クリームを八分立てにして④に加え、よくまぜ合わせる。
6. ⑤をグラスの¼ぐらいまで注ぎ、パンケーキを1～2cm角に切りながら等分に入れ、キウイの皮をむいてひと口大に切りながら加える。粒あんとぎゅうひを等分に入れ、上から残りの⑤をかけて冷蔵庫で冷やし固める。

※すべて前日に用意しておき、冷たい状態でだす。

本格的なアフタヌーンティー

英国式アフタヌーンティーは、だれもが一度はやってみたいと思うあこがれのひとつ。
テーブルのしつらえからさまざまな茶器、ティーフードにいたるまで
一貫して優雅さが感じられるのは、もともとが貴族の女性の習慣だったためでしょうか。
お茶菓子というより軽食になるメニューを2～3時間かけていただきます。
アフタヌーンティーは本来、自宅に招き合って楽しむもの。
ベーシックレッスンで覚えたテーブルセッティングや盛りつけの工夫をもとに、
前日に8割仕上げておける料理をプラスして
ステップアップしたお茶の時間に挑戦しましょう。

パステルカラーで優雅な雰囲気に

アフタヌーンティーのテーマカラーはパステルが基本。昔から貴族女性の好みとして淡く美しい色やかれんなレースなどでエレガントに演出されてきました。また、イギリスを象徴するバラ模様をとり入れるのもおすすめ。

センターピースを兼ねた3段トレイ

3段トレイがセンターピースも兼ねています。私は持ち手から脚にかけて造花をあしらって華やかさをプラスしました。3段トレイを使わないなら、少しぜいたくなフラワーアレンジがおすすめ。色はパステルでまとめて。

Arrange 3

なにげないけれど心に残る時間。それは丁寧にいれた紅茶の香りのようにやさしい記憶です

イギリスでは、アフタヌーンティーで大切な人をおもてなしするときには、今でも上等な食器や銀器を使います。それにも増して大切なのは、ともに過ごす時間を素敵にしたいと願う気持ちやさりげない心づかい。上手に手抜きをすれば心に余裕ができて、思いきりおもてなしが楽しめます。

アンティークのマフィンウォーマーに焼き菓子を入れて

イギリスのアンティークの銀器を使うとテーブルがぐっと本格的に。これはマフィンウォーマーといって珍しいものだとか。両側からぱたんと閉じるとシェル型バッグのようになります。本来の使い方をしなくても器として活躍。

スコーンにつけるクリームとジャムはトレイにセットして

スコーンにはクロテッドクリームを使いますが、私はサワークリームで代用しています。そのほうがさっぱりしておいしいと評判です。ジャムは季節のものを添えますが、私はブルーベリーを最もよく使っています。

紅茶の
おいしいいれ方

本格的なアフタヌーンティーのときは、
主役の紅茶もイギリス流にいれてみましょう。
リーフティーはもちろん、ティーバッグでいれる際にも
おいしくいれられる方法です。

用意するもので必要不可欠なのはティーポット。３人以上でいただくなら、５～６杯程度は入る大きさのポットがおすすめです。茶葉を量るティースプーンや、ポットを保温するためのティーコジーは、ほかのもので代用可能。紅茶の道具はいろいろあるので、少しずつそろえるのも楽しいものです。

紅茶をいれる際は、ソーサーを腰の高さまで持ちあげて、八分目までそっと注ぎます。いれ方だけでなくこういうしぐさを身につけておくことも、お茶の時間を優雅にするポイントです。お客さまのカップがからのままにならないようさりげなく気を配ることも忘れないで。

おすすめの茶葉

本格的な英国式アフタヌーンティーでは、定番はミルクティー。通常、紅茶は２～３種類用意して、それぞれ好みのお茶を選びながらいただくのです。でも用意するのがたいへんなら、私は１種類でもいいと思います。アフタヌーンティーブレンドなどミルクティー向きの茶葉を選んで、濃いめにいれるといいでしょう。ストレートティーならアッサムやセイロン、ウバなどが適しています。

また、女性のほとんどがフレーバーティーが好き。話題づくりにもなるし季節感を演出できるという点からもおすすめです。私のお気に入りは、「ルピシア」のトキオやマスカットティー、白桃など。

1 使用するティーポットをあたためましょう

紅茶をいれる際は、必ずくみたての水道水を火にかけ、沸騰させて使いましょう。沸騰するまでの間、ティーポットとテーブル用ティーポットに湯を入れてあたためておきます（保温中の電気ポットの湯でOK）。

2 ポットの湯を捨てて茶葉を入れます

ポットがあたたまったら中の湯を捨ててティースプーンで人数分の茶葉を入れましょう。日本は水のせいか「人数分プラス１杯」という標準的な量だと濃くなってしまうので、好みや茶葉の種類によって調節してみてください。

3 沸騰した湯を注いで約３分間蒸らします

やかんの湯が沸騰したらすぐに、やや高い位置からポットに注ぎます。沸騰しすぎると酸素が減ってしまうので、空気の泡が３～４個上がったぐらいが適当。ふたをして茶葉が十分にジャンピング（湯の中を上下）するのを確認して約３分間、蒸らします。

4 濃さが均一になるようにかきまぜます

十分に蒸らしたら、紅茶の濃さが均一になるようにスプーンなどでかきまぜます。このプロセスを省くと下のほうが濃くなったり、渋みがでたりしてしまいます。乱暴にかきまぜたりせず、あくまでもそっと優しく。

5 テーブル用のポットに移しかえます

あたためておいたテーブル用ティーポットに、できあがった紅茶を移しておくと、紅茶が濃くなりすぎる心配がありません。茶葉を入れたポットでそのままサーブしても、もちろんOK。その場合は、濃くなったときに調節できるよう別のポットに湯を用意しましょう。

6 ティーコジーをかけて保温しましょう

中綿の入ったティーコジーはティーポットを包む上着のようなもの。気温が低いイギリスならではともいえるグッズで、日本で気候のいいときならなくても大丈夫。デザインが素敵なものを演出の一部として使ってみるのもおすすめ。ない場合はキルト布などで包んでも。

イギリス仕込みのスコーンはふわっと軽やか
スコーン

イギリスにプチ留学した際に学んできたスコーンのレシピです。レモン汁を入れることで仕上がりがふわっとしてやさしい口あたりに。生地をたくさん作って冷凍しておけば、いつでも焼きたてが楽しめます。

材料（約10個分）
薄力粉……150g
強力粉……50g
ベーキングパウダー……小さじ4
牛乳……150㎖
レモン汁……小さじ1
バター……50g
小麦粉（打ち粉用）……適量

作り方

1.薄力粉、強力粉、ベーキングパウダーは、合わせてふるう。

2.牛乳とレモン汁は合わせて、15分ほどおく。

3.バターは1㎝角に切り、フードプロセッサーに①とともに入れて2～3秒ずつ3回ほどかくはんする。

4.③をボウルに入れ、②を少しずつ加えながらまぜる。耳たぶくらいのかたさになったらまとめ、ラップに包んで冷蔵庫に入れ、1時間以上ねかせる。

5.オーブンは200度に予熱する。

6.まないたの上に打ち粉をして④を置き、上からラップをかぶせて手のひらで厚さ2㎝ぐらいになるまでのばす。

7.スコーン用の型（なければ湯飲み茶わんなどを利用）で⑥を抜く。

8.天板にクッキングシートを敷いて⑦を並べ、オーブンで7～10分ほど、きつね色になるまで焼く。竹ぐしなどで刺して生地がついてこなかったらOK。焼きあがったらすぐにオーブンからだし、上からふきんなどをのせておくとぱさぱさにならない。好みでジャム、サワークリームなどを添えて。

※④までを前日に準備し、当日、焼きあげる。

スパイスとナッツが香ばしいカジュアルケーキ
アップルケーキ

生地よりりんごが多いかな？というぐらいのほうが焼きあがりがしっとり。あとから加えるナッツ類は、焼きあがるとまるでキャラメリゼをしたような感じになります。前日に焼いておくと味もなじんで落ち着きます。

材料（B５判くらいの角型）

バター……50g
砂糖……50g
卵……１個
薄力粉……100g
ベーキングパウダー……小さじ１
シナモン……小さじ１
ナツメグ……小さじ½
りんご……中１個
レーズン……大さじ２～３

A
- ココナッツ、アーモンドスライス、製菓用くるみ……各30g（または好みのナッツ90g）
- 三温糖……60g
- 生クリーム……60mℓ
- バター……30g

作り方

1.バターはボウルに入れ、室温にもどす。オーブンは180度に予熱する。
2.バターをクリーム状になるまでよくまぜ、砂糖を加えてまぜ合わせる。卵を加え、白っぽくなるまで全体をよくまぜ合わせる。
3.薄力粉とベーキングパウダーを合わせ、ふるいながら②に加え、へらで全体をさっくりとまぜる。
4.りんごを皮ごと５㎜厚さのいちょう切りにしながら③に加え、シナモン、ナツメグ、レーズンも加えてまぜ合わせる。
5.型に④を流し入れ、オーブンで10分ほど焼く。
6.焼いている間にAのバターを耐熱容器に入れ、電子レンジで20秒加熱してとかしバターを作り、Aの残りの材料をすべて入れてまぜ合わせる。
7.⑤の上に⑥を均一に広げ、さらに20分ほど焼く。食べやすい大きさに切り、好みでチャービルを飾り、ホイップした生クリームを添えても。

※ケーキ型がない場合は、アルミホイルでB５判（182×257㎜）くらいの型を作る。25㎝幅のアルミホイルを30㎝にカットしたものを３枚重ねる。その上に同じ大きさに切ったオーブンペーパーをのせ、端から深さ３㎝程度になるように折り上げ、四角い型を作る。

あと味よくさっぱり。ヒミツはしょうがにあり

ツナサンド

材料（4人分）

サンドイッチ用パン……2枚
ツナ缶……小1缶（85g）
刻みパセリ……大さじ3
しょうが……小1かけ
マヨネーズ……大さじ1.5
バター……適量

作り方

1. ツナは缶汁をきり、ボウルにあける。
2. しょうがはこまかいみじん切りにする。
3. ①に②とパセリを入れて全体をまぜ、マヨネーズを加えてまぜ合わせる。
4. パンに薄くバターをぬり、③をはさむ。

※③までを前日に準備する。

英国式アフタヌーンティーに欠かせない定番

5種類の フィンガーサンドイッチ

フィンガーサンドとは指先でつまめる小さくて薄いサンドイッチのこと。盛りつけの仕上げにせん切りレタスと花を飾るのは市川流。幼い頃に母に教わったアイディアです。

定番にもオリジナリティをプラスして新鮮に

きゅうりサンド

材料（4人分）
サンドイッチ用パン……2枚
きゅうり……½本
リコッタチーズ……50g
アンチョビーペースト……小さじ1
ブラックペッパー……適量
バター……適量

作り方
1. リコッタチーズにアンチョビーとブラックペッパーを加え、まぜ合わせる。
2. きゅうりは斜めに薄くスライスする。
3. パンにバターをぬって、①と②をはさむ。
※②までを前日に準備する。

からしやこしょうを省略できるパストラミで

ハムサンド

材料（4人分）
サンドイッチ用パン……2枚
パストラミ……2枚
レタス……1枚
バター……適量

作り方
1. レタスは洗って軽く水けをきり、冷蔵庫の野菜室で保存する。
2. ①の水けをペーパータオルでふきとり、パストラミとともに薄くバターをぬったパンにはさむ。
※①は前日に準備する。

意外な組み合わせが思わずクセになってしまう

ジャム&ピーナツサンド

材料（4人分）
サンドイッチ用パン……2枚
いちごジャム……大さじ1
ピーナツバター……大さじ1

作り方
1. ピーナツバターを前日の夜に冷蔵庫からだしておく。
2. パンにジャムとピーナツバターをぬってはさむ。

母譲りの和洋折衷サンドは絶対好評のお墨つき

のりチーズサンド

材料（4人分）
サンドイッチ用パン……2枚
スライスチーズ……1枚
韓国のり（または味つけのり）……¼枚
バター……適量

作り方
パンにバターをぬり、チーズとのりをはさむ。

招く側&招かれる側のマナー

マナーを考えるとき、まずは「おもてなし」にいちばん大切なものは何かということに着目してみましょう。盛大なテーブルセッティングや素晴らしいお料理を見せることでしょうか。それも、おもてなしの要素といえばいえなくもありません。けれど、その根本に「招かれた人の立場に立つ」ということがなかったとしたら、どれほど豪華なおもてなしも、招く側の発表会のようなものになってしまいます。

「おもてなし」の本来の目的は、招く側も招かれる側も、楽しく快いものであること。心を通わせるためのコミュニケーション手段のひとつといってもいいでしょう。発表会のようなおもてなしは、第一に避けなければならないことだと思うのです。

好ましくない具体例をあげるとしたら、男性客でお酒の席でもあるのに女性好みのファンシーなテーブルで飾り立てる、また、ご年配のかたなのに油っこい料理をおだしするなどです。

お招きする人が親しい人であれば、ふだんのおつきあいのなかでさりげなく好き嫌いを聞いておくのもいいと思います。雨の日なら玄関にタオルを用意しておくとか、炎天下のなかをいらっしゃるなら、冷たい飲み物を用意しておくといった心づかいも忘れないようにしましょう。

それから、どこかに楽しいサプライズを隠しておくこと。お互いの緊張感

相手の立場に立ってどうしたらいいか考えるというのは、上手なコミュニケーションに必要不可欠なこと。それさえ忘れなければ、心のこもったおもてなしは可能だと思います。

「優雅に」なんていいながら、実は私はかなりおっちょこちょい。すましていても、それは１時間ともちません。でも、素のままのドジな私の姿がおもてなしに笑いを呼ぶサプライズになってしまうことだってあるんです。

もほぐれ、すぐに打ち解けますし、会話もはずみます。クリスマスにブッシュドノエルに見立てたミートローフなどをおだしした際など、ずいぶん喜ばれました。

そして、この「相手の立場に立つ」ということは、招く側だけに求められることではありません。招かれる側もやはりそのようにする必要があると思うのです。自分が招く側だったら、ということを考えてみたら簡単ですね。

いくら楽しいパーティーでも潮どきというものがあります。招いた側は「かたづけもあるし、お帰りいただけますか?」などとは口が裂けても言えないのですから、適当な時間でおひらきにするよう配慮する必要があります。

また、招いた人が力を入れたらしいところを敏感に察知して、上手にほめることも忘れないようにしましょう。お料理やテーブルだけでなく、洗面所に用意してあったタオルが上質で素敵だったとか、どんなことでもいいのです。もてなす側の心づかいに対するねぎらいは、互いをとてもいい気分にさせることでしょう。

一期一会の気持ちと相手への思いやりを大切にすることができれば、きっと想い出に残る、素敵なおもてなしになると思います。私も、おもてなしの最中にうっかりしてミスをすることが多々ありますが、場の雰囲気がいいと、それも楽しい演出のひとつになったりするものです。

色づかいの基本

メインカラーとサブカラーの法則をしっかり覚えましょう

- **おもてなしのテーマにふさわしい色を選ぶ**
- **テーマカラーはメイン1色+サブ2色まで**
- **強い色はポイントづかいにすれば失敗が少ない**

「ハロウィン」「クリスマス」など、おもてなしのテーマを表現するのが、テーマカラー。その色合いによって季節感やそれらしさがでてきます。でも、いくらクリスマスらしいからといって、赤・緑・白・金・銀などすべてのクリスマスカラーを総動員してしまうと、ごちゃごちゃした印象になってしまいます。色づかいの鉄則は、クロスなど広い部分に使うメインカラーが1色、ポイントづかいするサブカラーが2色か多くても3色まで。また、色の数を抑えても、分量にメリハリをつけないと、ごちゃごちゃして見えるので注意して。

…………同じカップで比べてみると…………

OK ティーカップの色は、メインカラー白×サブカラー金・薄紫。ランチョンマットを白にすると、金と薄紫がぐっと引き立ちます。

NG ティーカップとランチョンマットの柄の色を合わせたのですが、サブカラーの薄紫の配分が多すぎて、まとまりがなくしつこい感じに。

ときにはくっきりツートンでまとめても

反対色に近い色を合わせるなら、２色づかいにしたほうが成功します。紺と白、赤と白、白と黒などモダンでシャープな雰囲気に。

サブカラーはピンクを強調、強い緑は抑えめ

メインは白、サブがピンクと緑。強めの緑に対してピンクはやさしい色調なので、ランチョンマットにはピンクを多めに配分。

同系色の濃淡で陰影をつけると上品な雰囲気

同じ色の濃淡で色をまとめていくのも一案。レーシーなカップにレースのあしらいのあるランチョンマットなど、質感にも配慮して。

金色の縁取りに合わせて薄茶でバランスよく

メインは薄茶（金）、サブが緑。薄茶をメインにすることで全体が引き締まります。薄緑も合いますが、ややぼんやりとした印象に。

色づかいの応用

クロスとランチョンマットの色づかいで季節を演出してみましょう

- ●季節ごとの色をしっかりつかみましょう
- ●色だけでなく布の質感にも配慮して
- ●アクリル板や色紙なども使いましょう

テーブルクロスとランチョンマットの重ねづかいは、テーブルセッティングの正式なルールではないという考え方がありますが、私は効果的に季節感やおもてなしのテーマが表現できるのでよくとり入れます。規則にとらわれるより自由な発想を楽しみましょう。色彩は春ならパステル、夏なら涼しげな青、秋は枯葉色、冬はモノトーンというように季節の色をしっかりつかんで。クロスやマットを何枚も用意するのはたいへんなので、下に配するものでがらりと雰囲気が変わるアクリル板や、手軽な和紙などもおすすめ。

…………アクリルのランチョンマットがおすすめです…………

写真は、和紙の上にアクリル板を重ねたランチョンマットです。下に置くものによって簡単に季節ごとのマットが完成。さっとふけばきれいになるので使いがってもバツグンです。アクリル板は「東急ハンズ」などで手に入りますが、カット売りなので、手持ちのランチョンマットをもとにして希望のサイズを決めておきましょう。

夏　青い空と海、そして白い雲。きりっと涼しげに

夏を涼しげに演出するなら迷わずブルー＆ホワイトで。逆に暑さを意識して、オレンジや赤、黄色、緑など極彩色を合わせる方法も。

春　ふんわりパステルで花のように愛らしく

桜を思わせる淡いピンク色で春を表現。このランチョンマットは中央が透け素材になっていて、下にピンク色の和紙を敷いています。

冬　モノトーンの世界をモダンに表現して

黒といっても漆器の黒だと意外なほど洋食器も映えます。部屋のぬくもりを表すならベージュや茶色、深緑、赤などを使ってみても。

秋　木の実色と枯葉色で落ち着いた雰囲気をだす

ランチョンマットはバティック柄ですが秋のトーンにぴったり。茶系を基本に、深い緑やあかね色などを差し色にすると、より秋らしく。

センターピース

雰囲気の決め手＝センターピースを工夫しましょう

●花にこだわらずいろいろなものを使って

●適度な高さとバランスを考慮しましょう

●テーマに合ったものを飾りましょう

色の次に大切なのは、季節感やおもてなしのテーマを象徴するセンターピース。あるのとないのとでは、ずいぶんテーブルの雰囲気がちがいます。センターピースというと「花」と考えがちですが、人形やケーキなどでも大丈夫。手近なものを利用して簡単な手作りをしてみるのもおすすめです。実をいうとこちらのほうが、きれいな花を飾ったときよりもお客さまの注目を集めるうえ、喜ばれるのです。会話の糸口にもなるんですよ。作り方などもお教えすると「さっそくやってみよう」といううれしい反応も。

…………センターピースのある・なしを比べてみると…………

ある 淡い緑のテーブルクロスに合わせてパステルトーンのアートフラワーを飾ってみました。春らしい華やいだ雰囲気が漂います。

なし

まったく同じテーブルなのに、季節感がほとんど感じられません。また、平坦なものしか置かれていないため、平面的であか抜けない印象です。

手作りの氷柱は夏、あるいは真冬の象徴に

牛乳パックに飾りを入れ、水をそそいで冷凍庫で凍らせるだけ。赤か青の食紅で軽く色をつけてもきれい。(作り方は125ページ)

センターピースの基本はフラワーアレンジ

季節感を表しやすいフラワーアレンジ。私は何度でも使えるアートフラワーを愛用しています。生花を加えると、本物のように美しく。

デザートのケーキにおしゃれをさせて

カラフルなケーキを植物で飾って。素朴な焼きっぱなしのケーキなら、カラフルな花を合わせれば華やかな雰囲気になります。

テーマに合わせた人形でもOK

ベトナム土産の人形はベトナム料理をだすときに。バレンタインに天使を飾っても素敵。人形をヒントにテーマを決めるのも楽しい。

いちばん身近で大切な家族をもてなしましょう

わが家は、私をはじめイベント好き。家族の誕生日やお正月、クリスマスはもちろん、毎月なにかと理由をつけてはホームパーティーをしていました。

今では2人の子どもも20歳を過ぎて、それぞれ忙しい毎日を過ごしています。かつてのようにはいきませんが、家族全員が顔を合わせるときは、やっぱりにぎやかに過ごしています。

子どもたちが幼かったころは気にしたこともなかったのですが、家族関係が問題視されている現代では、家族のだんらんがどれほど大切なものであるか考えずにはいられません。

「おもてなし」というと、たいていは外に対するものです。どなたかお客さまを招いて特別な席を設ける、そんなふうに考えているケースが圧倒的に多いように感じられます。でも私は、いちばん身近な家族にこそ、おもてなしが必要なのではないかと思うのです。

最近では夫婦共働きも一般的になりつつあります。平日は家族全員がゆっくり顔を合わせる時間がないことが多いかと思います。専業主婦でも働き盛りのご主人があまりに多忙で、家族がそろわないといったケースもあります。つまりわが家同様、家族がそろうことそのものがイベントになる家庭が珍しくなくなったのです。

それなのに、あまりに身近な存在であるせいか、家族に対してぞんざいに

家族のためにおもてなしの準備をしているときは、想い出がふとよみがえってくることがあります。今までに何度もテーブルをともにしてきたけれど、まだまだ楽しく過ごしていきたいと思います。

久しぶりに家族全員が集う日は、別に何も理由がなくても、ふだんよりテーブルを華やかにして、ゆっくり食事をすることにしています。大人になった子どもたちとともにする話題は、また新鮮な気持ちになります。

なっていないでしょうか。たとえいっしょに過ごす時間が少なくても、マンネリ感だけは抱いているのかもしれませんね。

たとえば月に一度。家族におもてなしをしてみてはいかがでしょう。だれだってもてなされて悪い気になることはありません。それどころか見なれすぎた家庭だからこそ、ふだんとちがうことをすると、より強烈な新鮮さを感じます。まるで眠けが去ったときのようにフレッシュな気持ちで互いを見つめ、その存在の大切さを実感することができるのではないかと思うのです。

私はかねがね、おもてなしは換気のようでもあると考えてきました。ずっと昔から、一生フレッシュでいたいと願ってきた私。部屋の空気がよどんだら窓を開けて換気をするように、人との関係と自分そのものにマンネリを感じたら、おもてなしで新鮮さをとり戻すのです。そうしたら、きっとあなた自身が楽しく幸せな気分になると思います。

楽しい気分は必ず家族を明るくします。仕事をもつもたないにかかわらず、主婦は家族のコンディションをつかさどる、大切な役割を果たしているのでしょうね。

自分自身が楽しむつもりで家族をもてなしてみましょう。きっと素敵な時間が過ごせるはずです。「家族が喜ぶ顔を見るのがこんなにうれしいことだったなんて」と思えたら、大成功です。

Lunch Time

Lesson 2 季節別
ランチで気軽なおもてなし

お茶の時間のおもてなしがマスターできたら、今度はランチに挑戦してみましょう。
テーブルセッティングのルールはもちろん、
お料理は前日に8割仕上げておくこと、
市販品やお総菜を上手にとり入れてアレンジすることも、ティータイムと同様です。
そこにプラスαをしていくのがランチのおもてなしと考えましょう。
そのプラスαもポイントさえ押さえていれば、
おもてなしのテーマや気分によって度合いを決めていけます。
つまり、盛大にしたいときはたくさんのプラスαを、そうでないときはそれなりで。
大切なのは楽しんでしまおう！という気持ちなのです。

Basic Lesson

ランチのテーブルをつくってみましょう

たとえばパスタとサラダ、デザートだけのライトでカジュアルなおもてなしなら、
これくらいのセッティングで十分、素敵。サラダ、メイン、デザートのおもてなしから
スタートしていけば、クリスマスなど盛大なテーマもこなせます。

POINT 1

セッティングの基本はティータイムと同じです

クロスやランチョンマットを敷き、センターピースを置いて、食器をセットする。この3ステップはどんなおもてなしにも共通です。お皿は重ねてセットするとさらに素敵になります。お茶は食後にいただくので、飲料水用のグラスを用意しましょう。テーブルクロスとランチョンマットの重ねづかいは、正式なテーブルセッティングではないのですが、それを知ったうえで自分流にアレンジするほうがその人らしさがでていいと思います。

テーマに合った装いも
サプライズのひとつ

季節を感じさせる
センターピースで場を
盛り上げて

POINT 2

ゲストを楽しませる
サプライズをつくりましょう

サプライズとは、話題を与え、雰囲気を盛りあげ、ゲストを楽しい気分にさせるもの。斬新なテーブルデコレーションや意外性のあるお料理など、思わず驚いてしまうようなことならなんでもサプライズになります。私はかなりこのサプライズが好き。そのせいもあって、カーテンタッセルでナプキンリングを作ったり、ハロウィンのお料理でおばけかぼちゃをかたどってみたりするのかもしれません。インド料理ではサリー、中国茶ではチャイナドレスというように、ときにはファッションもサプライズにできます。覚えておきたいのは、必ずテーマに沿ったものにすること。おもてなしの輪郭もよりはっきりして、季節ごとの想い出になることでしょう。

盛りつけや
食感のおもしろさで
ひと工夫

POINT 3

柔軟に対応できる
とり分けスタイルがおすすめ

欧米で多く見られるとり分けスタイルは、主婦がひとりでおもてなしをするのにも好都合。お料理を配ったり、お皿を下げたりする手間を最小限にできるので、お客さまも落ち着いていられます。急に人数が増えてもお皿を用意するだけで対応できますし、数種類のお料理を各自が１枚のお皿に盛りつけるので、使う食器が少なくてすみ、あとかたづけもラク。クリスマスなど大人数が集まるときは、着席せずに、お料理をとり分けたら別の場所でいただくブッフェスタイルにするといいでしょう。お料理はしっかり味つけすることと、汁っぽいものを避けることがコツ。そうすればお皿のなかで味がまざり合うことを避けられます。デザートのお皿だけは別に用意しましょう。

POINT 4

使いまわしのきく
白い食器をそろえましょう

飽きがこなくて和洋中どんなテイストもそれなりに合う、そしてお料理がいちばん映えるのは、やっぱり白い食器です。たとえ一枚一枚はちがっていても、白という共通点があるとテーブルセッティングにもまとまりがでてきます。これから食器をそろえていくのなら、盛りつけ皿にもとり分け用にも使える大皿と、数種類の大きさの白いお皿を選ぶのがおすすめです。ブランドにこだわらず好きだな、と思えるものを。

まず、そろえたい食器は4種類

おもてなし用の食器は何を選んだらいいですか？という質問をときどき受けます。わが家では「おもてなし用」のものはなくて、ふだんづかいもおもてなしも同じ。この4種があると、日常からブッフェスタイルのおもてなしまで使えて便利です。

ブッフェの取り皿はいつも26cmの大皿で

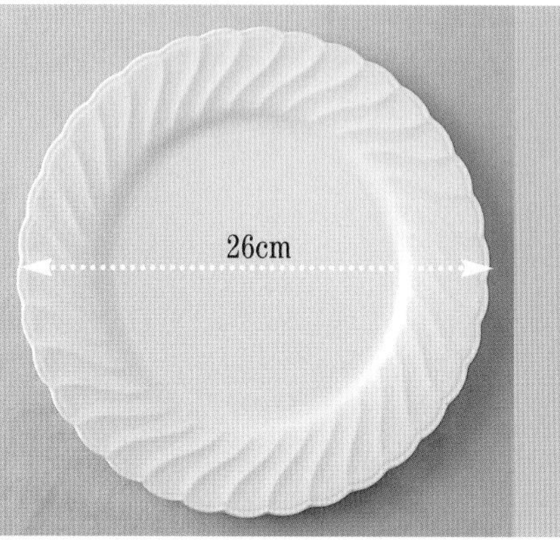

私がおもてなしのときにお客さまの取り皿として使っているのはこのタイプです。３～４品、お料理によっては５品が盛りつけられるので便利。一人分のメインとサイドディッシュを盛りつける場合でも重宝します。

パンやデザートに、フラットな21cm皿

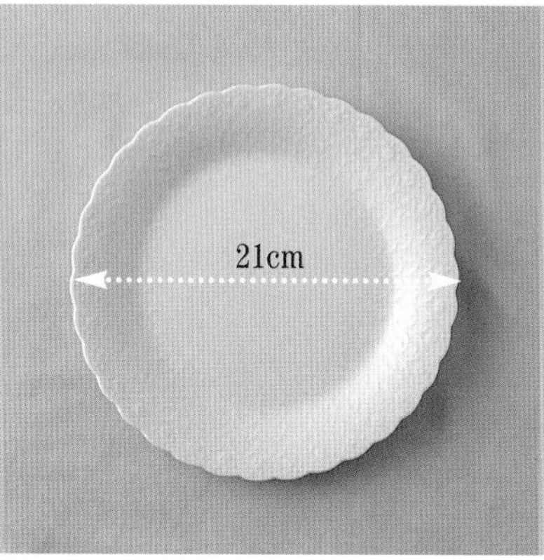

アフタヌーンティーならスコーン、サンドイッチ、ケーキを同時に盛りつけ可能。ランチのデザートも、ケーキの大きさに応じてお皿をかえるより、「大は小を兼ねる」で21cmに統一してしまったほうがむだがありません。

盛りつけやすいスタイリッシュな角皿

角皿は丸いお皿に比べて盛りつけがしやすいので、人数分を一度に盛りつける際にもよく利用しています。テーブルの雰囲気もスタイリッシュに。和洋中のおもてなしにも、エスニックにも対応してくれます。

スープやサラダに、やや深めの21cm皿

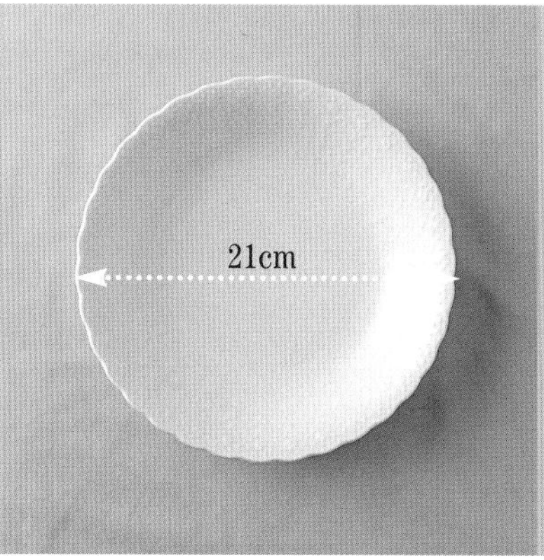

スープやサラダをそれぞれに盛りつけられる、この大きさの深めの皿があると便利です。スープパスタやまぜごはん、ソースをかけるタイプのデザート、果物とシャーベットやアイスクリームを盛りつけるのにも使えます。

どんなテイストも受け入れてくれる
白い食器は頼りになります

すっきりとしてお料理の彩りがよく映える白いお皿。右の2枚はナルミのボーンチャイナで、結婚当初から今でもずっと使いつづけています。角皿も頻繁に使っていて和菓子を盛ることもあればパスタを盛りつけることも。

春のさくらランチ

日増しに暖かくなっていく日ざし。窓からさし込む光もなんだか優しい色。
みんなが待ち望んでいた春は、もう、すぐそこです。
うきうきわくわくする、この気持ちをだれかと分かち合いたい。
そんなとき、桜をテーマにしたおもてなしはいかがですか？
古くから、私たち日本人が特別な想いを寄せる桜。
テーブルセッティングからお料理まで桜の花をちりばめれば、
ひと足早く春気分を満喫。
みんなで集まって、リビングでのお花見なんて素敵でしょう。

桜色と黒でシックに大人っぽく

桜の花びらの淡いピンクを黒で引き締め、ごく少量の白をポイントにまとめました。こうすることで大人の配色のテーブルに。ピンクと黒の組み合わせは両者のバランスが大切。淡い緑×ピンクと黒の組み合わせもおすすめ。

漆器とビーズ飾りで品よく華やかに

フラワーベースのかわりに漆器を利用。アートフラワーは染井吉野の色によく似たあじさいをばらして盛り、桜に見立てました。ビーズ飾りは本来ナプキンリングですが、漆器の縁に飾って華やかさを添えました。

Arrange 1 Spring

ランナーとして使っているのは リバーシブルランチョン

ランチョンマットを2枚つないでテーブルランナーとして使っています。これはリバーシブルタイプなので2パターンの演出が可能。和のテーブルなので、テーマに合うようなきものの帯や大判のストールを、ちょうどいい大きさに折ってランナーがわりにしても。

冷酒のとっくりにさりげなく桜の枝。小さな部分でも効果は大きい

「春の宴」らしさを盛りあげてくれる、すりガラスの冷酒用とっくり。お酒を飲むかどうかは別として、置いておくだけで雰囲気がでます。その際、桜の枝（これはアートフラワー）をさりげなく添えるのがポイント。とっくりの存在感が増します。

桜の花びら形小鉢のふたを飾りに使用。これで高さがぴったりに

セッティングの際、テーブルランナーに散りばめた陶器の花びらは小鉢のふた。小鉢ごと飾ると、厚みが出て繊細さが感じられなくなるので、あえてふただけを使いました。濃淡2色の桜色の画用紙を花びら形にカットして散りばめるのも素敵です。

お手軽料理も盛りつけしだいでおもてなしの表情に。テーブルは桜の咲く春の野を切りとったよう

重箱をばらばらにして、それぞれ取り皿として使いました。漆器をポイントとして使うと格調が高くなります。重箱のかわりに黒や茶系などダークな色彩の陶器のお皿か、金色と黒の縁取りがあるような洋食器を使用してもいいでしょう。

ランチョンマットは
ピンクと
白濁色の和紙を2枚重ねに

長方形のピンクの和紙は、水にぬらして周囲を指でほぐしながら少しずつちぎり、やわらかなラインがでるようにします。その形に合わせて上に重ねる白濁色の和紙をハサミでカット。これだけで、春の日ざしの優しさを感じさせるランチョンマットのできあがりです。

冷めてもおいしいほんのりピンクのおこわ

さくらにぎり

ピンクのおこわの正体は赤ワイン。少し加えて炊くだけで自然な発色と風味を添えてくれます。ラップでくるりと巻いてにぎるだけだから、手のべたべたも失敗もなし。

材料（4～6人分）

もち米……2合

うるち米……1合

赤ワイン……大さじ3

塩……小さじ1～2

さくらの塩漬け……適量

作り方

1.もち米とうるち米はそれぞれといで炊飯器に入れる。

2.さくらの塩漬けは水に入れて5分ほど塩抜きをし、手でしっかりしぼる。

3.①に赤ワインと塩を加えてから水かげんをし、普通に炊く。

4.ラップを広げた上に②のさくらの塩漬けを置き、上から③のごはんをのせて包み、おにぎりにする。

5.残りも同様にして、器に並べる。

桜の花びらが舞い降りたようなおしゃれな一品

さくらシューマイ

一個一個作るのがめんどうなシューマイをリング形にして、電子レンジで一気に仕上げてしまいます。これならカンタン、しかも豪華！食べるときはケーキのように切り分けます。

材料（4～6人分）

鶏ひき肉……600g
ワンタンの皮……1袋
食紅……少量
ねぎ……1～2本
干ししいたけ……4～5個
しょうが……1かけ
青じそ……10枚
かたくり粉……大さじ4

A
- しょうゆ……大さじ3
- 酒……大さじ1
- ごま油……大さじ2
- 塩……小さじ1
- 砂糖……小さじ½

作り方

1. ワンタンの皮1～2枚はハートの型で抜き、食紅をといた水でピンク色に染める。
2. ねぎ、しいたけ、しょうが、青じそはみじん切りにする。
3. ひき肉、②の野菜類、かたくり粉、Aをボウルに入れ、よくまぜ合わせる。
4. 耐熱皿に③を入れ、上からラップをかけて手でリング状に形づくる。
5. ④の上部をワンタンの皮でおおい、その上に①のワンタンの皮をところどころに散らす。
6. 軽くラップをして電子レンジで10～12分加熱する。
7. ようじを刺して透明な汁がでてきたらできあがり。あれば上からゆでた絹さやなどを散らす。

ベビーリーフとクレソンでさわやかに

春色サラダ

緑色のグラデーションと黄色の組み合わせはまさに春の野。旬を色で表現したサラダは、いり卵さえ作ってしまえばあとは盛りつけるだけの手軽さです。

材料（4～6人分）

ベビーリーフ……50g
クレソン……30g
そら豆（冷凍）……100g
卵……2個
塩……ひとつまみ
砂糖……小さじ1～2
油……少々
好みのドレッシング……適量

作り方

1. ベビーリーフは洗って水けをきる。クレソンは洗って適当な大きさにちぎる。そら豆はもどして皮をむく。
2. ときほぐした卵に塩、砂糖を加える。熱したフライパンに油をなじませて卵を流し入れ、いり卵を作る。
3. ベビーリーフを皿に盛ってクレソン、そら豆、いり卵をのせ、ドレッシングをかける。

※②までを前日に準備し、当日、盛りつける。

思わず自慢したくなるかわいい和菓子

花びら大福

電子レンジで手軽にできる、ぎゅうひを利用した和菓子。ぎゅうひのしっとり感を保つ秘けつは、水あめを加えること。小さめのいちごを使うと、ころんとかわいらしくなります。

材料（4個分）

白玉粉……50g
砂糖……50g
水あめ……大さじ1
白あん……¾カップ
いちご……4個
かたくり粉（打ち粉用）……適量

作り方

1.耐熱ボウルに白玉粉を入れ、水75〜100㎖を少しずつ加えまぜる。砂糖を加え、よくまぜ合わせて、ほぼダマがなくなったら電子レンジで2分加熱する。
2.いったんレンジからとりだしてよくかきまぜ、再び1分半加熱。ぷーっとおもちのようにふくれてきたら、ぎゅうひのできあがり。
3.②が熱いうちに水あめを加えまぜる。
4.かたくり粉を振ったまないたなどの上に③を置き、上からもかたくり粉を振って4等分する。
5.ぎゅうひを手で平たい円状にのばす。
6.手のひらにとって白あんの¼量をのせ、その上にいちごをのせる。
7.いちごの上部を残して、周囲から包み込むように丸めて形をととのえる。残りも同様に作る。

洋のおもてなしなら
早春のイースターをテーマに
軽やかな雰囲気を演出します

イースターはイエス・キリストの復活を祝う行事。その年によりますが、春分のころから４月24日ころまでの間になります。象徴はイースターエッグやイースターバニー、ひよこなど。あまりなじみがないぶん、テーマそのものがサプライズになりそう。

Variation

イースター

リボンやレースペーパーで 簡単手作りランチョンのできあがり

黄緑色の和紙の両端にリボンを、上下には丸いレースペーパーを半分にカットして3枚ずつ並べ、いずれも両面テープではります。緑色の紙、飾りつけた和紙、和紙の上に市販のペーパーオーナメントをのせ、透ける素材のランチョンマットを。好みで工夫して。

器にもひと工夫。ふたを開けるときの わくわく感がアップします

1人分ずつのミニキャセロールは、花と小鳥の飾りがイースターらしい。このままでも十分かわいいけれど、アートフラワーの葉っぱを添えればさらに素敵。中にオードブル風のムースやゼリーコンソメなどを入れたり、お土産用のエッグチョコを入れても。

エッグアートやキャンドルなど イースターグッズがあると便利

イースターエッグを手作りするのもいいけれど、それに見立てたキャンドルやフィギュアをそろえると毎年使えて便利です。3月ごろになると輸入物をとりそろえたマーケットや「ソニープラザ」「キデイランド」などでも手に入ります。

夏のカレーランチ

暑い夏、食欲をそそるカレーは大人から子どもまで不動の人気。
カレーでおもてなしというと、なんとなく子どもっぽい印象を受けるかもしれません。
だから、本格的に、少し大人っぽく仕上げてみましょう。
イメージは、インドの宮廷で出されるインド料理。
窓ぎわにはインドの小物をディスプレイして、壁にはエスニックな布を飾ります。
シタールの音色が美しいインド音楽を流して、サリーを着れば、そこはもう異国の地。
ゴージャスな雰囲気に包まれて食す、ほどよくスパイスの効いたお料理。
友達や家族の「本格派ね！」と、驚く顔が楽しみです。

ゴージャス感を醸しだす黒×金

メインカラーは黒、サブカラーは金とガラス色（透明色）ですが、黒と金はどちらがメイン？というくらい限りなく等分に使っています。重たくなりがちな配色もガラス器を使うことによって難なく解決。

高さをだして存在感を高める

センターピースに使用するアートフラワーは、薄茶系のものでまとめて限りなく金色に近く。ガラス器で透明感をだして。足元に漆のランチョンマットを敷いて、その上に文箱を返して置き、高さをだしました。

Arrange 2 Summer

布を２枚使用してベージュを見せれば重たくなく軽やかな印象に

ベージュのテーブルクロスの上から、黒地の金の刺しゅうがエキゾチックなマルチクロスを重ねました。黒の重たい質感も、互い違いにかけ、ベージュを見せることで軽やかに。

テーマに合わせたファッション演出もサプライズのひとつに利用して

服装をサプライズのひとつにするのもおすすめ。テーマにぴったりなファッションなら、お迎えした瞬間から会話が盛りあがるし、着方などをご紹介しても喜ばれます。インドの礼服・サリーはシワにならず、収納に困らず、流行もないので案外おもてなし用に重宝。

雑貨ひとつでインド気分アップ。象の置物などがおすすめ

象はインドと切っても切れないほど象徴的なもの。これはキャンドルホルダーです。エスニック雑貨を扱っているショップで、インドらしい雰囲気のグッズが安価で手に入ります。「これ何？ どこで買ったの？」など会話のきっかけにもなって一石二鳥。

いながらにして旅の気分。
テーブルにバカンスを
連れてきたようなひととき

金色のお皿は、直接料理をのせない位置皿。その上にガラスの大皿、そしてボウル。センターピースの両側は重箱のふたを配した上にエスニックな雑貨を飾ります。漆のランチョンマットと重箱のふた、漆器どうしをつなぐことでランナー的な役割も。漆器はいろいろなテーマに使えて便利。

インドでは最高級のおもてなしのカレー

えびのカレー＆レーズンライス

スパイシーなのにまろやかでコクのある、えびのカレー。インドではホテルや高級レストランなどで食すようなメニューです。本格派の味をテーブルに。

材料（4～6人分）

〈えびのカレー〉

えび……12尾
玉ねぎ……5個
カシューナッツ……50g
バター……100g
ヨーグルト……150mℓ
A ターメリック……小さじ1
コリアンダー……小さじ3
クミン（粉）……小さじ1
レッドペッパー……小さじ1
ガラムマサラ……小さじ1
しょうゆ……少々
塩……適量
トマトケチャップ……大さじ1
生クリーム……1パック
サワークリーム……⅓パック
冷凍グリーンピース……適量

〈レーズンライス〉

米……3合
サルタナレーズン……½カップ
（普通のレーズンでもよい。好みで分量を調節）

作り方

1. えびは殻と背わたをとる。
2. 玉ねぎはみじん切りにし、耐熱皿にドーナツ状にして入れる。ラップをせずに電子レンジで10分ほど加熱したら、ペーパータオルなどで水分を押さえておく。
3. カシューナッツはフードプロセッサーなどで粉状にするか、ポリ袋に入れて棒などでたたき、こまかく砕く。
4. といだ米にレーズンを加え、ふだんどおりの水かげんで炊く。
5. 深なべにバターを入れてきつね色になるまで加熱し、②の玉ねぎを入れていため、しょうゆで色と風味をつける。
6. ⑤にヨーグルトと③のカシューナッツ、A、水500～600mℓ、塩小さじ2～3を加え、強火にかける。沸騰したら火を弱め、10～15分煮込む。
7. ①のえびとトマトケチャップ、生クリーム、サワークリームを加え、5～10分煮る。味をみて塩で調味する。
8. 仕上げに冷凍グリーンピースをそのまま入れ、かきまぜながら2～3分火を通し、皿にレーズンライスとともに盛りつける。

シンプルなのに深い味わい
アスパラとじゃがいものサブジ

サブジとはインドのいため料理のこと。材料は、旬のものや半端に余っている野菜を使ってもOK。いんげんとかぼちゃの組み合わせもおいしい。

材料（4～6人分）
グリーンアスパラガス……2束
じゃがいも……3個
クミンシード……小さじ½
A ┌ターメリック……小さじ½
　│クミンパウダー……小さじ½
　│コリアンダー……小さじ½
　└レッドチリペッパー……少々
油……適量
塩……少々
ココナッツ……大さじ1～2

作り方
1. じゃがいもはまるごとゆでて皮をむき、食べやすい大きさに切る。アスパラは根元を切ってかたい部分は皮をむき、食べやすい大きさに切る。
2. フライパンにクミンシードと油を入れて火にかけ、はじけてきたらアスパラを加えてさっといためる。
3. アスパラにかためにに火が通ったら、じゃがいもを入れて手早くいため、Aのスパイス類と塩を加えまぜ、ふたをして弱火で2～3分いためる。
4. 味がなじんだら火を止め、ココナッツをまぜ合わせる。

※すべて前日にできる。冷蔵庫で冷やしてもおいしい。

さわやかな風味と不思議な食感がクセになる
サンディッシュ

本来なら特殊なチーズを使うデザートを、カッテージチーズで代用して再現。ういろうにも似た舌ざわりとカルダモンの香りが魅力です。

材料（4～6人分）
カッテージチーズ
(裏ごしタイプ)……200g
砂糖……大さじ4
コーンスターチ……大さじ2
カシューナッツ……20粒程度
バニラエッセンス……適量
バター……大さじ1
カルダモン（粉末）……適量

作り方
1. ボウルにカッテージチーズを入れ、砂糖とコーンスターチを加えてよくまぜ合わせてから、電子レンジで2～3分加熱する。
2. カシューナッツはフライパンで軽くローストしてから包丁で刻む。
3. ①にバニラエッセンスと②のカシューナッツを加えてまぜる。
4. 平らなバットにバターをぬり、③を入れて、5～6㎜厚さになるようにへらで平らにのばす。室温でも15分ほどで固まるが、冷蔵庫で冷やし固めてもよい。
5. 固めた④を適当な大きさに切り、カルダモンを振りかける。

※④までを前日に準備しておく。

100円ショップの器と
エスニック雑貨で
ベトナム料理のテーブルが完成

Variation ベトナム

クロスとランナー以外はすべて100円ショップで購入。テーマを決め、テイストをそろえてセッティングすれば、安っぽくなりません。デパ地下などで買ったベトナム総菜を持ちよって、お茶の延長のような軽いランチにしてみてはいかが。

ミニ観葉植物も、エスニックなかごと足台で飾ればセンターピースに変身

100円ショップで、色や形の違う3タイプのミニ観葉植物を購入。それらをエスニックなかごに入れ、高さを出すために足台を使って並べました。適度なボリュームがでて、立派なセンターピースになります。手持ちの観葉植物を利用してもOK。

ほんのひと工夫でワンランク上のテーブルに

黒のクロスと金のクロスを二重掛けにしています。クロスはサテン地、ランナーはチャイナ服用の布地で手作りしました。ランナーの余り布でリボンを作り、テーブルの脚元に結んでアクセントに。ちらりと見える黒で、テーブルが引き締まった印象になります。

お土産として持ち帰ってもらう小さな雑貨も用意して

あれもこれも100円なの、というサプライズといっしょに、小さな雑貨をお土産用に用意しておくのも素敵です。象のアロマキャンドルは3つで100円。かわいくて荷物にならない、ちょっとした想い出の品になります。

秋のハロウィンランチ

秋の深まりとともに日も短くなり、暗闇が早く街にやってきます。
どことなく心細く、不安な気持ちを誘う季節……　神やゴーストを信じていた昔の人の、
そんな気持ちがハロウィンという行事を生みだしたのかもしれません。
でも、魔法もゴーストも信じない科学の時代が訪れると、
ハロウィンは子どもも大人も、みんなで楽しむイベントに姿を変えました。
大々的なことはしなくても、友達同士や家族で気軽にパーティーをしてみては？
魔女やゴーストたち、おばけかぼちゃをイメージして、トータルな演出をしてみれば、
たちまちハロウィン気分が盛りあがってきます！

メインに濃い紫、オレンジ&黒をサブ

ハロウィンの定番色、黒とオレンジではなく、ここではメインカラーをほの暗い月夜を感じさせる濃い紫に。あやしい魔女のイメージで黒いレースをふんだんに使います。オレンジを少なくするとバランスがよくなります。

CENTER PIECE

ハロウィンの象徴を工夫づかい

ファンキーなお祭り気分でハロウィングッズを工夫して使ってみましょう。アクリルの箱2つを合わせたなかにあるのは、おばけかぼちゃのモールと骨。上にはハロウィンの人形やお菓子などを飾って高さをアップ。

Arrange 3 Autumn

お料理も、おばけかぼちゃや墓石をかたどって
サプライズをたくさん盛り込んでしまいましょう

お料理を、ハロウィンカラーとハロウィンのキャラクターでまとめると、ますますパーティーが楽しいものになります。子どもっぽいかな？と思われがちですが、案外大人も大好きです。テーブル周辺にもハロウィングッズを飾るととても華やか。

少しずつでも集めれば
毎年活躍してくれるグッズたち

毎年９月半ば過ぎから10月になると、輸入物が豊富なマーケットや「キデイランド」「ソニープラザ」などのバラエティ雑貨ショップにハロウィングッズがたくさん並びます。少しずつ集めておくと毎年使えるのでとても便利です。

小物の飾り部分をはずして作った手作りグラスマーカー

キーホルダーや子ども用アクセサリーのトップ部分をはずして、安全ピンをさし込んだだけの超簡単手作りグラスマーカー。グラスマーカーとは、自分の使っているグラスがどれかを判別するための印。壊れたりとれてしまったものを再利用するのもおすすめです。

近所で買った黒いレースのはぎれで雰囲気のある小物を手作り

幅1m、長さ50cmの黒レースのはぎれを4枚買い、テーブルランナーとして、2枚をそれぞれ三つ折りにして、中央をテープでつないで敷きます。ランチョンマットとナプキンリングのリボンは、残りの布をそれぞれ4つずつカットして、余りは窓辺にディスプレイ。

お皿そのものを変身させると1枚を何パターンにも使えます

白いお皿はいろいろなテーマに使えますが、ときにはお皿にちょっとした魔法をかけて変身させましょう。これはハロウィンオレンジのマーブルチョコを周辺に飾っているだけ。また、デコペンで絵や「Ｔｈａｎｋｓ」などメッセージを描くのもおすすめ。

ハロウィンオレンジのキュートなオードブル

ハロウィンムース

最初の一品はおしゃれなオードブルを。それも思いっきりハロウィンらしく仕上げて。スモークサーモンでおおうことで、アボカドムースの変色を防ぐこともできてしまうのです。

材料（4人分）

アボカド……1個
かに缶（ほぐし身タイプ）……55g
スモークサーモン……4枚
生クリーム……大さじ2
マヨネーズ……大さじ2
ゼラチン……5g
顆粒スープのもと……小さじ½
レモン汁……大さじ1
塩、こしょう……各少々

作り方

1. スモークサーモンはレモン汁の半量をかけておく。
2. 顆粒スープを熱湯50㎖でとき、ゼラチンを加えてまぜる。
3. アボカドの皮と種をとり除いてボウルに入れ、ポテトマッシャーでつぶし、残りのレモン汁を加えてまぜる。
4. かに缶は汁ごと③に入れ、②と生クリーム、マヨネーズも加えてよくまぜ、塩、こしょうで味をととのえる。
5. 器に④を¼量ずつを流し入れ、上から中身が全部隠れるように、適当に切ったスモークサーモンをのせる。
6. 冷蔵庫で1時間以上冷やす。
7. ハロウィンピックを刺して皿にのせる。

※⑥までを前日に準備し、当日はピックを刺すだけに。

おばけかぼちゃがおいしいパイに変身

もちもちパンプキンパイ

さくっとしたパイの中は、ほんのり甘いかぼちゃともっちりしたおもち。切り分けるとき、とろりとしたおもちの姿がのぞくとみんなサプライズ！　顔を描くときはお手本のおばけかぼちゃを手元に置いておくとベター。

材料（6～8人分）

かぼちゃ……300g
玉ねぎ……大¼個
しいたけ……2個
合いびき肉……100g
パスタ用トマトソース……約200g
ピザ用チーズ……大さじ2～3
切りもち……2個
冷凍パイシート……2枚
バター……大さじ1
薄力粉……大さじ1～2
サラダ油……大さじ1
赤ワイン……大さじ2
トマトケチャップ……大さじ2
ナツメグ……小さじ1
しょうゆ……大さじ1
塩、こしょう……各少々
卵黄……1個分

作り方

＊下準備

パイ皿にバターを塗って薄力粉を振り、冷凍庫で冷やしておく。

1.かぼちゃはラップでぴっちりと包んで電子レンジで5分加熱し、種をスプーンでくりぬいて7㎜厚さのいちょう切りにする。

2.しいたけと玉ねぎはみじん切りにする。

3.パイシートは、5～10分室温において解凍する。

4.③のパイシート1枚をパイ皿に少し余裕をもって敷き詰め、周囲の余ったところはカットしておく。底の部分にフォークで穴をあけ、200度にあたためておいたオーブンで5分焼く。

5.フライパンにサラダ油を熱してひき肉をいためる（脂がたくさんでた場合はペーパータオルなどで除く）。

6.②のしいたけと玉ねぎを加えてさらにいため、赤ワインを入れる。火が通ったらトマトソースとチーズを加え、ケチャップ、ナツメグ、しょうゆを入れて、塩、こしょうで味をととのえる。

7.焼き上がった④のパイシートに①のかぼちゃを周囲から敷き詰めていく。切りもちを半分に切り、それぞれ厚みを半分にし、オーブントースターで少しふくらむくらい1～2分焼いてからかぼちゃの上に並べていく。最後に⑥を入れる。

8.もう1枚のパイシートを皿より大きめにのばして⑦の上からかぶせる。周囲はきっちりふたをするように卵黄をはけでぬりながら上のパイシートと下のパイシートをつけていく。

9.パイの上につまようじなどでおばけかぼちゃの下絵を描き、キッチンバサミなどでカットする。

10.上から残りの卵黄をぬって200度に予熱したオーブンで約20分焼き上げる。

甘いのにピリリ！ かなりクセになるサラダ

ピリ辛キャロットサラダ

口に入れたときの、なんとも奥深い味わいの秘密はマンゴーチリソース。にんじんをスライスして、あとは材料をまぜるだけ。β-カロテンたっぷりで美と健康にも役立ちます。

材料（4～6人分）

にんじん……3本
くるみ……20～30g
サルタナレーズン……大さじ4
（普通のレーズンでもよい）
マンゴーチリソース（市販品）……大さじ2～3
生クリーム……大さじ2～3
サラダ菜……10枚程度

作り方

1.にんじんはスライサーでせん切りにする。くるみはあらく刻む。

2.ボウルに①とレーズンを入れ、マンゴーチリソースと生クリームを加えてまぜ合わせる。

3.サラダ菜を敷いた器の上に②を盛りつける。

◆マンゴーチリソースがない場合は、スイートチリソースを使用するか、マヨネーズ大さじ1、タバスコ大さじ½、あんずジャム大さじ1を分量の生クリームに加えると似たようなテイストになります。

締めくくりはここ一番のサプライズで決まり！

ハロウィンケーキ

一瞬、ドキッとするデコレーションもハロウィンならではのご愛嬌。市販のケーキミックスで作ったケーキは、前日に薄くクリームをぬっておくとしっとりしておいしくなります。

材料（21㎝角型）

モントンのスポンジケーキの素……2箱
生クリーム……200㎖
砂糖……大さじ2
ポン菓子（市販品）……50g
オレオクッキー（市販品）……10～15枚
マーブルチョコレート（茶色）……15粒程度
飾り用ゼリー（ハロウィン用にふさわしいものを選ぶ）

作り方

1. スポンジケーキを表示どおりに焼く。
2. 生クリームに砂糖を加え、泡立て器で八分立てにする。
3. クッキーは2枚を別々にし、サンドしてあるクリームをとり除く。
4. ①のスポンジケーキが冷めたら、墓石に見立てて切り、②のクリームを全体にぬる。
5. 側面にクッキーをつける。
6. スポンジケーキの上にポン菓子をかける。
7. マーブルチョコで十字架を描き、ゼリーを飾る。

※④までを前日に準備する。ケーキはラップをかけて冷暗所に保存しておくと、しっとりしたままでおいしい。

黄色みを帯びた秋の日ざしに かわいらしい月うさぎがよく映えます

テーブル周辺にも、さりげなくお月見グッズを飾りましょう。和雑貨のお店では、秋になるとうさぎのものがいろいろでます。いくつか並べる場合は適度に間隔を置いて、静かな秋の雰囲気をこわさないように気を配りましょう。

外にあふれる紅葉を 少しだけお部屋にも

陶器のうさぎを飾ったかごの下に敷いてある落ち葉、実はアートフラワー。こうするだけで秋らしさがいっそう増します。なければ公園を散歩ついでに、本物のきれいな落ち葉を集めても。どんぐりなどの木の実や小枝などを飾っても雰囲気がでます。

骨董の和食器を扇形の小盆にセット。中央からめいめいの席へ移します

お皿は、日本からの輸出品としてイギリスで売られていた骨董品。現代の金の器と合わせました。手前のおちょこは日本の骨董品。現代物と骨董、和と洋などを合わせるときは、色や雰囲気などの共通点があるものどうしだとまとまりがよくなります。

和のおもてなしなら、お月見をテーマに
日本の秋をしみじみ感じるひとときを

Variation

お月見

かつては、縁側にすすきやおだんごを飾って過ごしたお月見。郷愁漂うエッセンスをテーブルに加えたら、今様お月見が完成。テーマカラーはベージュを中心に、黒と金がスパイスに。三方に飾ったおだんごは、実は紙粘土で作ったもの。毎年使えて便利です。

市川流ハウスキーピングなら突然の来客でも大丈夫

部屋をいつでもきれいに保つのは、かなりたいへんだと思います。だから私は、80％程度きれいであれば、それでいいと思っています。

でもその80％がどこにかかっているかで、「きれいに感じられるかどうか」は大きく変わってきます。つまり「ここがきれいだと部屋全体がきれいに見える」というポイントを重点的にお掃除しておけば、ほかは手を抜いてもいいということです。

では問題の「きれいに見えるポイント」がどこか、そしてどのようにお掃除すればいいかをお話ししましょう。

まずは水まわり。キッチン、トイレ、洗面所といった水まわりは、毎日お掃除するところです。毎日というとたいへんに感じられるかもしれませんが、その都度かかる時間は5分ほど。洗面所はメラミンスポンジで目につく汚れをこすり、あとは乾いたタオルでふくだけ。キッチンはこまめにガス台から床までふき掃除をしますが、それでも10分ほど。トイレは使ったときに汚れが気になったらブラシとお掃除シートできれいにします。これも5分ほど。

2つ目は、玄関やキッチンの床など「汚れの震源地」をきれいにすること。こうした場所は人の出入りが多く、足のうらにくっついていろんな場所へ汚れが運ばれていくのです。だから運ばれる前にシャットアウトしてしまうというわけです。キッチンは先ほどのとおりですが、玄関は掃除機でゴミを吸

目につくホコリや小さなゴミを粘着テープでぺたぺた。気づいたときにこれをしておけば、掃除機をかけるのは週に一度で十分、きれいさを保てるようになります。フローリングなら使い捨てモップをかけるといいでしょう。

水まわりは、乾いたタオルで水けをふきとり、10分以上放置しておくと、それだけで水アカがつかなくなります。きれいさはもちろん清潔さも保てます。私は毎晩、その日の家事の最後にからぶきをするようにしています。

いとるか使い捨てウエットシートで、ちょっとした汚れやホコリをぬぐって水ぎわ作戦で対応します。

3つ目は腰から上の目線のところ。お部屋に人が入ってくるとき、床を見ながらやってくる人は滅多にいません。だいたい目線の高さに視線が行っています。だからこの部分をきれいにすると、「きれいな部屋」という印象を抱くようです。具体的にはリビングボードやチェスト、テーブルの上。窓ガラスやキャビネットのガラス戸の部分など。私は毎朝、使い終わったキッチンタオルを洗濯機に入れに行くとき、そのタオルでこうした部分をふきながら歩いていきます。タオルはこれから洗濯するからちょうどいいし、毎日ふいていれば軽い汚れですむのでぞうきんは必要ないのです。

さて、こうしたポイントを押さえてのお掃除法に、もうひとつ大事な点があります。それは気づいたときにすぐにきれいにしてしまうこと。「明日のお掃除タイムにしよう」なんて思っていて、うっかり忘れたりしませんか？汚れは時間がたってしまうと落とすのに手間がかかります。いつでもささっときれいにすれば、5分とかからず手間もいりません。

散らかっていて汚れている状態なら、一度、大掃除のつもりできれいにしたあとで、このポイントをこまめに掃除する方法に切りかえてみてください。意外なほど、ほどほどのきれいさを保てます。

デパ地下クリスマス

あちこちできらめくイルミネーション、どこからともなく聞こえてくるクリスマスソング。
12月、街はクリスマス一色。仕事も家事も、なんだか忙しくて目が回りそう……
クリスマスパーティーの準備なんてできない、なんてあきらめないで！
そんなときは、思いきってデパ地下やお気に入りのデリのお総菜を利用しましょう。
テーブルセッティングに10分、お料理の仕上げに15分。
あっという間なのに本格的なクリスマスのテーブルが完成します。
これなら、仕事帰りのクリスマス準備も、突然のお客さまにも対応できますね！
お料理で手抜きしたぶん、ウエルカムの気持ちはたっぷり込めましょう。

COLOR

伝統的なテーブルなら緑をベースに

クリスマスカラーの赤・白・緑を使うのが定番です。ただし、配分には気をつけて。メインを緑にするとコーディネートがしやすくなります。赤・白を抑えめにして、ポイントとして金色を多めに加えると重厚感がでます。

CENTER PIECE

金のキャンドルでゴージャス感を演出

金のキャンドルなら、豪華で大人っぽい。これは、フラワーアレンジつきですが、シンプルなキャンドルホルダーの周囲に、金色のカラースプレーで色づけした松ぼっくりやオーナメントを飾ってアレンジをするのも素敵。

Arrange 4 Winter

手近な素材でほんのひと手間。うれしい気持ちをきゅっと結びます

日常づかいのグラスでも、リボンをあしらうだけで、たちまちおもてなし顔に。オーナメントからとれてしまったベル飾りなどもいっしょに結べば、より豪華なうえ賢い再利用も兼ねてくれます。席によって飾りを変えるとグラスマーカーがわりにもなります。

ドアプライズでお楽しみが増えるうえお開きもスマートになります

ドアプライズとはお客さまを玄関で迎えたときにくじを引いてもらい、帰宅時にプレゼントを渡すというもの。ちょっとしたものでも喜ばれるし、「そろそろプレゼントタイムにしましょう」と自然にお開きのサインをだすことができます。

お箸だと気張らない感じに。季節別の箸置きがあると役立ちます

箸置きは、小さくて収納場所もとらないので何種類かそろえてもいいと思います。季節ごとのテーマに合わせて、おひなさま、桜、こいのぼり、そしてクリスマスなど。お箸はフォーク&ナイフより気分を楽にするのでカジュアルパーティーにはおすすめです。

信じられる？
これらすべて、デパ地下総菜を
アレンジしたもの。
みんなの驚く顔が楽しみ！

以前、テレビ番組でデパ地下総菜を使って30分でおもてなし料理を作る、というテーマでおもてなしを紹介したことがあります。タイマーをセットしてやってみたところ、ほんとうに時間内でできてわれながらびっくり。せっかくのクリスマス、忙しい人もあきらめないで！

デパ地下総菜アレンジメニュー

買ってきたお総菜は「素材」と見なして
アレンジしてしまいましょう。
多少余裕があるなら、別物に見えるぐらい
思いきりアレンジしても、けっこう
楽しいものです。さあ、チャレンジ！

定番人気のチキン&ポテトサラダ

ポテトサラダを山のように盛りつけ、チキン3本をバランスをとりながらさし込み、リボンでしばります。きれいにととのえたら、まわりを星型で抜いたパプリカやイタリアンパセリで飾ります。立体的な盛りつけはとても豪華！

さっぱりお口直しにお野菜マリネ

カラフルなマリネはサラダ感覚で盛りつけ。ちぎったレタスをこんもり盛って、それをおおうようにマリネを盛りつけて、食べる際に軽くまぜて。ボリュームアップするうえ、少々味がきつい場合もこれでちょうどよくなります。

ロールケーキdeブッシュドノエル

市販のロールケーキを4分の1程度のところで斜めにカット。生クリームを泡立てて大きいほうの周囲にぬり、上から切り株に見立てた小さいほうをのせて、さらにクリームをぬります。アラザンやケーキ用の飾りなどで飾りつけて完成。

手でつまめるクリスマスミートボール

ミートボールはこんもりと盛りつけ、パセリをまわりや間に飾ってボリューム感をだします。クリスマス用ピックを刺せばできあがり。クリスマス用ピックはかなり有能。毎年使えるし収納場所もとらず、刺すだけでこのかわいさ！

大学いもで作ったとは思えない不思議なケーキ

ベークドホワイトクリスマス

これにデパ地下の大学いもが入っているとは、だれも想像つかないでしょう。材料を重ねたあとはオーブンまかせだから、とても簡単！ お料理のあとで手作りデザートを披露できます。

材料（4～6人分）
デパ地下で買った大学いも（あればナッツ入り）
……300～400ｇ
りんご……中1個
砂糖……大さじ1
シナモン……小さじ1
バター……大さじ1
ベビーマシュマロ（なければ普通の大きさでOK）
……100～200ｇ(下の生地がかぶるくらいの量。使用する器の大きさによって調節する)

作り方

1. りんごは5㎜厚さのいちょう切りにして耐熱皿にドーナツ状に並べる。上から砂糖とシナモンを振ってラップをかけ、電子レンジで7～8分、しんなりするまで加熱する。
2. オーブンを200度に予熱する。
3. パイ皿か耐熱皿にバターをぬって大学いもを平らに並べる。ナッツ入りでない場合は、ここで好みのナッツ類50ｇを袋に入れて上から棒などでたたいて砕き、大学いもの上に散らしてもよい。
4. ③に①のりんごをのせる。その上からベビーマシュマロをすき間なくのせていく（普通のマシュマロの場合は半分から¼ぐらいにキッチンバサミで切りながらのせる）。
5. オーブンで約9分、焼き色がつくまで焼く。
6. 仕上げにクリスマスピックを飾りつける。

ホワイト・クリスタル・クリスマス

せっかくのクリスマスだから、本格的なおもてなしに挑戦したい。
それなら、少し大人っぽく真っ白な聖夜はいかがでしょう。
幻想的な北欧の銀世界を再現したような空間に、よく冷えた白ワイン。
この日がくるのを待っていましたとばかりに、喜びに踊りだす天使たち。
静かに流れるクリスマスキャロルが、おごそかな気持ちにさせてくれます。
「今年はありがとう」という感謝の気持ちと、「来年もよろしく」という気持ちも込めて。
今日は、とびきり素敵なクリスマスをいっしょに過ごしましょう！
そんな想いがたくさん詰まった、愛にあふれるおもてなしです。

純白にクリスタルと金を散りばめて

純白に近い白×金ですが、あまり金色の配分が多いと清らかな雰囲気がそこなわれてしまいます。ガラスやクリスタルはふんだんに使って上手に透明感をだしましょう。食器は〈夏のカレーランチ〉と同じです。

アクリル板の上で踊る天使たち

ハロウィンでも使用したアクリルボックスを使ってアクリル板に高さをだすと、テーブルに立体感がでます。上段にある天使は、飾り用サンド（金色の砂）に座らせて。下段の飾りは透明なものに統一したほうが洗練度アップ。

Arrange 5 Winter

冬の光が反射してきらきら輝いている。
銀世界でクリスマスを祝っているよう

大人数になることが多いクリスマスこそ、ブッフェスタイルが向いています。おしゃべりに興じながら、リラックスした雰囲気でいただきましょう。見た目に反して、意外に簡単なお料理の作り方を話題にすると、お話もはずみます。これも、いわば市川流かしら。

おごそかな雰囲気を添える飾りなら
ナティビティシーンもおすすめ

ナティビティシーンはイエス・キリストの誕生場面を再現したもの。欧米ではポピュラーな飾りでも、日本ではまだ珍しいかもしれません。キリスト教関係のものを販売しているお店や、デパートを探してみましょう。正統派のクリスマスの雰囲気になります。

玄関まわりも飾れば クリスマスムード満点！

玄関ホールのコーナーにも テーマに合った飾りをしましょう

わが家は、玄関のドアを開けてすぐにコンソールがあります。クリスマスの日は、コンソールの上もクリスマス用に飾りつけ。テーマカラーと合わせた飾りにしておくと、全体の印象が統一されるのでとても洗練された感じになります。

わくわく感を最初に迎えるのは、ドアにかけられたクリスマスリース

12月になると、玄関ドアにリースを飾る人も多いことでしょう。常緑樹や枯れ枝を巻いたリースが一般的ですが、金色や銀色でスプレーして、オリジナルアレンジをするのも素敵です。普通のものより、ぐんと大人っぽい印象のリースに仕上がります。

幻想的な飾りつけで、お出迎えと お見送りのシーン両方を印象的に

靴箱の上もクリスマス用にデコレーション。ドアを開けて、いちばん最初に目につくところにある飾りは、おもてなしの前奏曲のようなもの。手を抜いてはいけません。「これ、素敵ね！」と、すぐに話題にあがるので、パーティー気分の盛りあげにひと役買います。

おしゃれなオードブルでMerry Christmas！

アボカドムース クラッカー添え

クリーミーなのにさっぱり感のあるアボカドのムース。星形もかわいい。簡単なオードブルがあると、乾杯するとき優雅な気分になれます。ピンクペッパーを飾ってクリスマス色に。

材料（4～6人分）

アボカド……1個
ゼラチン……5g
A［顆粒スープのもと……大さじ1
　熱湯……75mℓ
レモン汁……¼個分
マヨネーズ……75mℓ
生クリーム……75mℓ
塩、こしょう……各適量
クラッカー……15～20枚
パセリ……適量
ピンクペッパー……適量

作り方

1. Aをまぜてスープを作り、ゼラチンを振り入れてとかす。
2. アボカドを2つに割り、中をスプーンでくりぬきながらフードプロセッサーに入れる。さらにレモン汁、マヨネーズ、①を加え、なめらかになるまでかくはんする。
3. 生クリームを泡立て器で六分立てくらいにする。
4. ②を①で使ったボウルに入れ、③を加えてざっとまぜ、塩、こしょうで味をととのえる。
5. クリスマスらしい型（星型やもみの木型といったものでゼリー用の底があるもの）を水にくぐらせてから④を流し入れ、冷蔵庫で30分ほど冷やし固める。
6. ボウルに60度くらいの湯を入れ、軽く型の底をつけてからとり出す。皿にクラッカーとともに盛りつけ、パセリとピンクペッパーを飾る。

※⑤までは前日に準備し、当日、飾りつける。

材料（4～6人分）
きゅうり……2本
ベビーリーフ……60g
パプリカ（赤、黄）……各½個
好みのドレッシング……適量

作り方
1. きゅうりは縦半分に切り、ピーラーで薄く縦長にスライスする。
2. パプリカは内側を上にして星型でぬく。
3. ①のきゅうりを、皿のまわりにふわっと半分に軽くたたみながらぐるりと置いていく。
4. まん中に器を置き、好みのドレッシングを入れる。
5. ベビーリーフを彩りよくこんもりと盛りつけ、星形のパプリカを散らす。

※②までを前日に準備する。

定番サラダもほんのひと工夫で、ごらんのとおり
リースのサラダ

ちぎる手間のいらないベビーリーフを主役にリース形に盛りつけたサラダ。10分もあれば完成するのに、とっても華やかで彩りもきれい。

冷めてもおいしく香ばしいメインディッシュ
チキンとサーモンのカリカリ焼き

子どもたちのお弁当のおかずによく作っていたメニューを、クリスマスらしくアレンジしてみました。ポテトバッズのカリカリ感もクセになります。

材料（4～6人分）
鶏もも肉から揚げ用……400g
キングサーモン……2切れ
塩、こしょう……各少々
マヨネーズ……大さじ4～5
ポテトバッズ（マッシュポテトのもとか、ごまでもおいしい）**……大さじ4～5**
イタリアンパセリ……適量

作り方
1. キングサーモンは一口大に切る。オーブンは200度に予熱する。
2. 天板にクッキングシートを敷いて鶏肉と①のキングサーモンをくっつけて並べ、軽く塩、こしょうする。
3. マヨネーズをぬって、ポテトバッズをすき間なく振りかける。
4. オーブンで20分ほど焼く。肉にようじなどを刺してみて、透明な汁が出てきたらできあがり。
5. 皿に盛り、イタリアンパセリを飾る。

"ごはんもの" はボリューム感たっぷりに

シーフードピラフ ホワイトソースかけ

シーフードピラフは炊飯器まかせだからラクチン。ホワイトソースも失敗のない作り方。クリスマス用にリース形に盛りつけて飾れば、まるでケーキのように。

材料（4～6人分）
米……3合
あさりのむき身……100g
むきえび……100g
もんごういか（刺し身用）……100g
ほたて貝柱……100g
(上記の魚介類は冷凍シーフードミックス400gでも可)
白ワイン……100mℓ
酒……大さじ1
顆粒スープのもと……大さじ1
チャービル、ピンクペッパー……各適宜
〈ホワイトソース〉
玉ねぎ……中1個
ホワイトマッシュルーム……6～8個
バター……50g
薄力粉……大さじ4
生クリーム……100mℓ
牛乳……100mℓ
塩、こしょう……各少々

作り方

1. 米はといで炊飯器に入れておく。

2. いかとほたては2㎝角に切る。

3. あさりとえび、②を、それぞれペーパータオルなどで水けをふいてからなべに入れ、ワインを入れてさっと火を通す。

4. 玉ねぎは薄切りにし、マッシュルームも2㎜厚さに切る。

5. フライパンにバターを熱して④の玉ねぎを入れていため、塩、こしょうを振る。透き通ってきたらマッシュルームを加えていためる。薄力粉をふるい入れ、全体によくなじむようにいためる。

6. 生クリームと牛乳を合わせて⑤に少しずつ流し入れ、木べらでだまにならないようによくまぜ合わせる。とろりとしたらホワイトソースのできあがり。

7. 炊飯器に③のシーフードの汁だけを加える。酒を入れ、水を足して普通よりやや少なめの水かげんにする。

8. ⑦にスープのもとを入れ、ひとつまみの塩、こしょう（分量外）を入れてひとまぜし、普通に炊く。

9. 炊きあがったらシーフードをまぜてからドーナツ形の型に入れ、皿に盛る。

10. 温めた⑥を上からかけて、チャービルとピンクペッパーを飾る。

さっくりパイとカスタードのコンビネーション

特製パイリース

それぞれのパーツを重ねるだけなので、見た目のわりにはかなり簡単。カスタードクリームは電子レンジで作れば、驚くほどなめらかな仕上がりになります。

材料（25㎝パイ皿）

冷凍パイシート……３枚
卵黄……１個分
A
- 卵黄……４個分
- 砂糖……100ｇ
- 薄力粉……40ｇ
- 牛乳……500㎖（または牛乳300㎖と生クリーム200㎖）
- バニラビーンズ……２本分（なければバニラエッセンスで）

卵……４個
薄力粉……140ｇ
牛乳……260㎖
ナツメグ……適量
バター……大さじ１
バナナ……１本
レモン汁……適量
粉砂糖……適量
アラザン……適量

作り方

1. パイシートは室温に10分ほどおいて解凍する。卵黄はときほぐす。
2. オーブンは220度に予熱する。
3. ①のパイシートをそれぞれ６等分し、18本のひも状にする。そのうち12本は４本ずつ卵黄でつなげ、３本の長いリボン状にする。
4. 残りの６本は、２本ずつを③と同様に卵黄でつなげて３本作る。
5. ③で三つ編みをし、クッキングシートを敷いた天板の上に輪になるように置く。④は２本分をリボンの両側の丸い部分に見立て、残り１本は中央の結び目にしてリボン形を作り、輪にしたパイの上にリースのリボンのように卵黄でしっかりとつける。
6. 卵黄をはけで塗り、オーブンで７～８分焼く。
7. Ａの材料はすべてボウルに入れて泡立て器でよくかきまぜ、電子レンジで５分、ときどきだして泡立て器でよくまぜながら加熱する。
8. なめらかなクリーム状になったら表面にラップを密着させ、冷ます。
9. オーブンはそのまま220度に予熱し、型をあたためておく。
10. ボウルに卵をほぐし、薄力粉をふるいながら加える。泡立て器でよくまぜ合わせてから牛乳を加え、だまにならないようにまぜる。最後にナツメグを加える。
11. ⑨の型にバターを入れてとかし、⑩の生地を流し入れ、オーブンで約９分焼く。
12. 焼き上がった⑪にふきんかタオルをかぶせて冷ます。
13. バナナはスライスしてレモン汁をかける。
14. ⑫のシュー生地の上に⑧のカスタードクリームをドーナツ状にのせてバナナを並べる。その上に⑥のリース状のパイをのせ、粉砂糖を振る。アラザンで飾りつける。
※⑫までは前日に準備する。

鶴や亀などおめでたい飾りと
気品ある漆器づかいで
心あらたまる新年を
家族とともに祝います

一年の始まりであるお正月。わが家では毎年、家族全員がそろって祝うことにしています。漆の折敷は、お正月はもちろん、和のおもてなしに頻繁に使えて便利。重ねて収納できるので、場所もとりません。めいめい皿は白い角皿や楕円皿にしても、しっくりきます。

Variation

お正月

少し勇気のいるダークな色のバラも和のテーブルに意外としっくり

フラワーベースは、実は3000円。クロスよりダークなトーンの紫のバラを、セットのグラスに一輪ずつさしてリズミカルに。和のテーブルに、少し洋のエッセンスを加えてみると、ありきたりではない、モダンなテーブルになって新鮮な感じがします。

折敷を使ってセッティングすると重厚感と高級感がでてきます

漆のお椀は、秀衡塗り風のデザインで素材は樹脂。漆器のように保管やお手入れに気をつける必要もなく、しかも1客1000円とリーズナブル。お重や漆器は、本物にこだわらず手軽で使いやすいもので工夫するのも、気軽なおもてなしのコツです。

おめでたい小物はどーんと飾るよりさりげなく配したほうがかわいい

いくらお正月とはいえ、七福神や鶴亀をどーんと飾ると温泉街の旅館風になってしまいます。これはふたつきの薬味入れで、手のひらにのるほど小さなもの。お月見でも使った持ち手つきのお盆にちょこんとのせました。干支の置物をこんなふうに飾ってみても素敵。

娘のおもてなし

家族をもてなすのはもっぱら私のほうでしたが、２年ほど前からでしょうか、
ときどき娘の智子が私をもてなしてくれるようになりました。
母の日にはオムライスをメインディッシュに、スープにサラダ、デザートも添えて、
おまけにテーブルセッティングまでしてくれたのです。
お料理ができあがったときには、調理器具はすっかり片づけられていて、
その手ぎわのよさにも感心してしまいました。驚くと同時に、
私が大切にしてきたことが、きちんと伝わっていると感じて、とてもうれしく思いました。
娘のおもてなしも、ぜひご紹介したくて、母の日を再現させました。

キッチンで過ごすうち身についた母の手順と手抜き術

自分で意識したことはなかったのですが、いつの間にかごく自然にキッチンに立つようになっていました。

そのうえ恐ろしいことに（？）料理や片づけの手順、手を抜くポイントなどが、ほとんど母といっしょなんです。

思い返してみたら高校時代は、母といっしょによく晩ごはんを作っていました。その日にあったことなどをなんとなく話しつつ、冗談を言い合いながら過ごした時間。使った調理器具はすぐに洗ってしまいましょうとか、ケーキを焼くときにはみそこしで粉をふるっちゃいましょうなどと、特別教わったことはないけれど、母といっしょにキッチンに立つということは、こうした母のやり方を、いつの間にか吸収することでもあったんだと思います。

小学校ぐらいまで友達を招いてお誕生日会を開いてくれた母。カラフルなマーブルチョコが飾ってあるお皿や小さなハンバーグ、フルーツ入りのサラダや手作りケーキなどが並ぶテーブルを前に、たいていの友達はびっくりしたり、喜んだりしてくれました。

でも私はものすごく恥ずかしがりやだったので、なんだか照れくさくてしかたがありませんでした。ただその「恥ずかしい」の裏には、ちょっとした自慢が隠れてもいましたけれど。

Tomoko's Essay

キッチンから家じゅうに伝わるぬくもり。だから手作りが好き

母が仕事をしているということは、今でもあまりピンときません。レッスン風景を目にしたことがないわけではないのに、昔から年中おもてなしをしていたせいか、変化を感じとることができないのかもしれません。もっとも、生放送でテレビに出演している母を見たときは、さすがに遠くに感じましたが……

母があまりに忙しいときや、海外旅行から帰ってくる日など、私はひとりでキッチンに立ちながら母を待つことがあります。メニューはそのときどきですが、私はどちらかというと和食が好きなので、肉じゃがとかきんぴらとか昔ながらの家庭料理を作ります。

母の日などは「今日は私がおもてなししてあげるわ」と宣言したりもします。ちなみに、ここでご紹介しているのは母の日に作ったメニュー。コーンスープとサラダは母の手料理の中で子どものころからいちばん好きな部類に入るものです。

外食はきらいじゃないけれど、やっぱり手作りが好き。母が心を込めて作ってくれる、キッチンから家じゅうにそのあたたかさが広がっていく、そんな感じがするからです。

今はまだ自分のやりたいことを探している私。これもまた母とそっくりなのですが、やりたいことがたくさんありすぎて困っています。だけど、結婚したら、いつも愛情あふれる手料理が並ぶあたたかい家庭にしたいというのは、いちばん大事にしたい夢といえそうです。

Tomoko's Essay

ふわふわオムライス

われながら手をかけている！という実感のこもったオムライス。卵は黄身と白身に分けて、白身をメレンゲ状にしてから黄身をまぜるので、焼き上がりはとろ～りとしてふわふわ！　母の日に感謝を込めて「ママ」とケチャップで描きました。チキンライスの上からふわっとのせるだけで、包まないから失敗もありません。

母の味サラダ

子どものころから大好きだったメニューのひとつ。ゆで卵の黄身と白身を分けてこまかくし、ハムやりんご、レタスなどとともに盛りつけたミモザサラダ。ほんのりスイートな味が母のやさしさを感じさせてくれるのかもしれません。ドレッシングをかけてもいいし、マヨネーズであえてもおいしい。小さいころに大好きだった味は、やっぱり大人になっても忘れられません。

ミントアイスクリーム

市販のバニラアイスクリームに砕いたチョコレートと刻んだフレッシュミントをまぜ合わせて冷凍庫で再度冷やし、チョコミントアイスに変身させました。市販品の使い方も、母がふだんからよくやっているので普通のことだと思っていましたが、案外そうでもないんですね。ご近所からいただいた鉢植えのミントがベランダでとってもよく育ったので、感謝しつつ使いました。

コーンクリームスープ

缶詰のクリームコーンに牛乳、生クリーム、コンソメキューブを加えただけの、とっても簡単なコーンクリームスープ。これは母がよく作ってくれた私の大好物。幼稚園のお泊まり会でコーンスープが出てきたら、そこからコーンスープ自慢合戦が始まったんです。どの子も自分のお母さんのスープがいかにおいしいかを訴えていて、ひょっとしてこれも母の味というものでしょうか？

部屋が散らからない収納法があります

おもてなしのたびに「お掃除がたいへん！」と感じている人は多いと思います。この悩みを解決するには、散らかりにくく、お掃除がラクな収納システムに変えてしまうことが賢い方法だと私は考えます。

それでは、どんな収納にすればいいでしょう。その第一歩は物を減らすことから始まります。捨てられない気持ちを引きずっているうちに、どんどん物が増えるのは道理。次の3つのステップの整理収納改革をしてみましょう。

①要不要チェック……物をチェックして不要なものはリサイクルや処分に。その際、「これから使うかもしれない」という未来形の考え方を「ここ3年間使わなかった」という過去形に。「もったいない」の気持ちを「使われないほうが、物も場所も探す時間ももったいない」というように変える。「とりあえずとっとこう」という言葉が浮かんだら、それは「処分するに等しいもの」と考える。と、こんな意識改革をしてとり組みましょう。収納スペースに対して物のほうが少なくなるまで減らすことができれば成功です。

②適材適所に収納する……物は「生活動線に合わせ」て「使う場所の最短距離」に「いっしょに使うものとセットにして」収納するようにしましょう。たとえば、リビングでお裁縫をするのであれば、ソーイングボックスを

適材適所に収納すると、一見、いろいろなものが入っているように見えます。けれど、このなかにあるものはすべてリビングで使うもの。おもてなしで使う大皿もここならテーブルにさっと置くことが可能になります。

リビングにある収納スペースにはお客さま用のティーカップや湯飲み、カトラリーなどを収納。ぎっしりと詰め込むとだしにくく、しまいづらくなってしまいます。あえてすっきり少なめがコツ。

リビングにある収納場所に入れておけば、使いたいときすぐにだせるし、途中だからとだしっぱなしにしておくことも少なくなります。

③一目でわかるように収納する……物を収納する際は、あえてゆとりをもって収納すれば、何が入っているか一目でわかるし、だしやすく、しまいやすいもの。ぎゅうぎゅうに詰め込まれていて、だし入れがしづらく、結局は放置してしまったという経験がありませんか？　まだ入るぐらいのほうが、収納が長続きします。

このステップに従って、1日30分～1時間程度、収納改革をしてみてください。半年後か1年後にはすっきりしてくると思うのです。一度にやってしまうのはタブー。疲れてしまって収納改革半ばで飽きてしまいます。

それと大切なのは、定期的に要不要チェックをすることです。たとえば新しい食器を購入するなら、その収納場所を確保するために使っていない食器をリサイクルにだすなどしましょう。洋服も過去3年間そでを通すことのなかったものは、処分やリサイクルの対象と考えましょう。ハウスキーピングに時間も手間もかからずゆとりができたら、おもてなしがますます気楽になってきます。もちろん趣味に打ち込むこともできますし、「収納しだいで人生も2倍、3倍楽しめる」というのが私の考え方なのです。

セッティング

テーブルが華やぐ
食器の重ねテクを覚えましょう

- **食器にもテーマカラーを反映させましょう**
- **和食器と洋食器を組み合わせるのもOK**
- **いちばん上の食器はやや高さのあるもので**

お料理を５品ぐらいおだしするようなときは、食器を重ねてセッティングしてみましょう。重ねる枚数は、お料理にもよりますが平均して２～３枚。重ね方は、お料理の順番を反映させます。スープかサラダ（または両方)、メインディッシュとサイドディッシュという順番なら、いちばん上がやや深めの器。これはスープかサラダを盛りつけます。スープの次にサラダをいただくなら中皿を間に挟んでから大皿。いちばん下のお皿は定位置を示す位置皿なのでお料理はのせません。注意したいのはテーマカラーと合っていることはもちろん、同じような大きさのお皿が重なったりしないように、大きさのバランスにも配慮すること。和洋を同時に使っても色やテイストが合っていればきれいです。

透けて見えるガラス器をうまくとり入れて

下の食器が透けて見えるガラス器も、重ねづかいするとおもしろい食器です。同じシリーズのものなら、失敗がなく安心です。

ピンクと黒の組み合わせは金色で引き締めて

まん中の皿の絵柄から金・黒・ピンクを反映させて。絵柄はかなりくっきりしているので、ほかの皿はシンプルなものを選びましょう。

和洋の組み合わせも、色合わせしだい

お月見のときによく使うセッティング。金の位置皿を満月に見立てています。色づかいを統一すれば和食器と洋食器でもしっくり。

位置皿プラス１なら高さのあるものを選んで

夏に冷たいスープなどをおだしする際のセッティング。位置皿を残してお料理ごとにお皿をかえていきます。レースを敷くときれい。

セッティング

遊び心を感じる
ナプキンのアレンジを工夫しましょう

- **テーマカラーのなかから色を選びましょう**
- **テーマを連想するかたちにしましょう**
- **ナプキンリングはリボンなどで代用可能**

ナプキンがテーブルにセットしてあると、優雅で本格的な感じがします。演出でもあり、お食事の際には膝に広げて使うといった実用性も兼ねているナプキン。季節やおもてなしのテーマに合わせて何種類も用意するのはたいへんなので、使いまわしのきくもので折り方を変えていくことをおすすめします。お月見ならうさぎ、夏なら波に見立てるなど、折り紙遊びの気分でオリジナルな折り方を発見してみてください。ナプキンリングもリボンやワイヤー入りのビーズ、カーテンタッセルなどを利用してみましょう。

……基本のナプキンのたたみ方……

ナプキンは、広げたらそのまま膝にかけられるようにたたむのが基本です。四つ折りにしたものを、輪が右側にくるようにさらに縦半分に折ります。左上に重なったナプキンの端を両手でそれぞれ持ち、左右に広げると二つ折りの状態になります。そのまま輪を手前側におろしてひざにかければOK。

涼しげな夏を演出する波のかたちのナプキン

四つ折りのナプキンを３〜４㎝ほどのじゃばら折りにして、ギフト用グッズのワイヤー入りビーズで固定。片方を広げれば波形に。

お月見のシンボル、月うさぎを表現

対角線を残して両側を折っていき、上から４分の１ぐらいをカーテンタッセルなどひもでとめます。（作り方は125ページ）

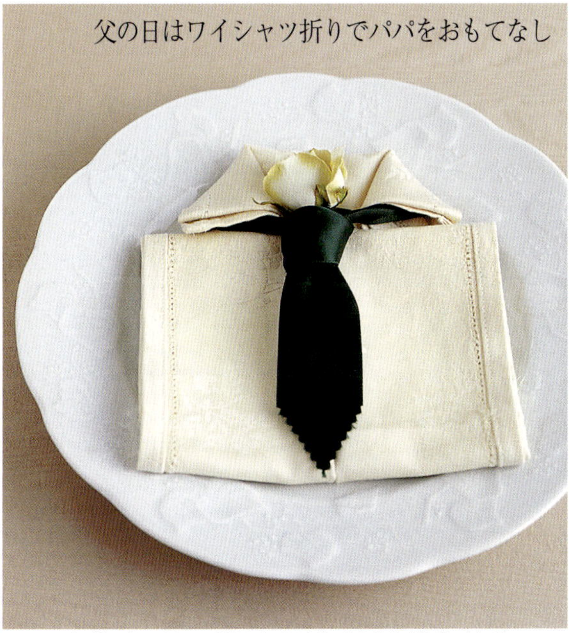

父の日はワイシャツ折りでパパをおもてなし

ナプキンをワイシャツ折りにして、リボンをネクタイ結びにすれば、父の日のおもてなしにぴったりの顔に。（作り方は125ページ）

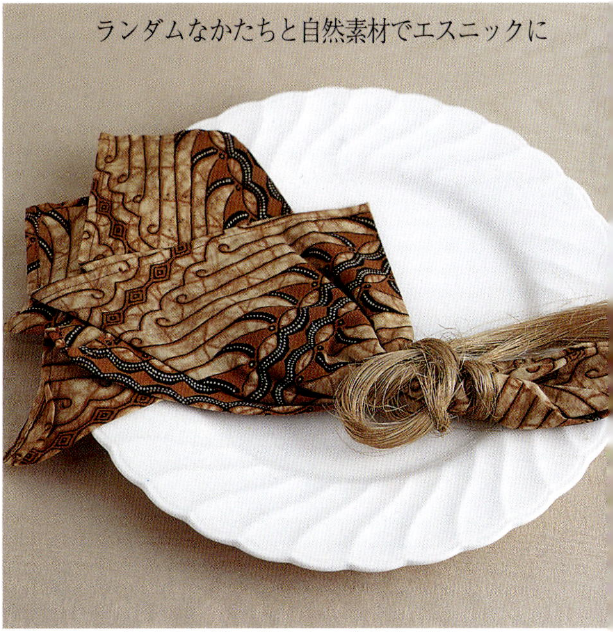

ランダムなかたちと自然素材でエスニックに

エスニックならざっくりした折り方で。ナプキンリングもラフィアなど自然素材のひもにすると雰囲気がでます。

テーブルクロスの美しい敷き方

ばさっと広げがちなクロスも一度で美しく広げる方法があります。
これなら四隅を何度も引っぱってバランスをとる必要もありません。

1
テーブルの中心にクロスの角を合わせる

あればアンダークロス（なければ直接テーブル）に、中心位置の目印をつけます。そこに中表に四つ折りにしたテーブルクロスの角を合わせて置きます。テーブルに直接マークをつける場合は小さなシールをはるなどしましょう。

2
両端を持って片側を広げていく

四つ折りのテーブルクロスの上側を両手で持って、中心の目印からずれないようにゆっくりと広げていきます。もしずれたらその場で調整してしまえば簡単です。

3
さらにクロスを広げテーブル全体をおおう

二つ折りの状態になったら、テーブルクロスの上側を少しずつ広げていき、テーブル全体をおおうようにします。ゆっくりと、ややすべらせるようにすると中心からずれていきません。

4
折りジワを手でのばしてできあがり

最後に、シワや空気が入ってふくらんでしまった部分を、テーブルクロスとアンダークロス、テーブルを一体化させるようなつもりで手のひらでのばしていきます。こうすればホコリも立たず、位置も一度でぴったり決まります。

ナイフとフォークの位置が肩幅とほぼ一致するようになればバランスOK。レストランやフォーマルな席では料理ごとにナイフとフォークを用意しますが、家庭のおもてなしなら１セットで十分です。

食器のセッティングの基本

カトラリーはテーブルの端から指３本分が基本です

カトラリーの持ち手の部分がテーブルの端から指３本分の位置にくるようにセット。これより手前すぎても、奥すぎてもNG。

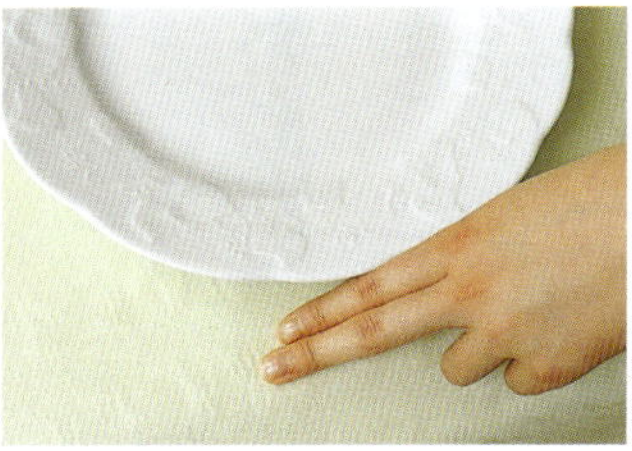

位置皿の場所はテーブルの端から指２本分を目印にしましょう

位置皿を置く場所はテーブルの端から指２本分のところ。１人分のセッティングは肩幅分（約60cm）くらいのスペースを基本に。

こんな布も使えます

大判ストールやマルチクロスを重ねて

色柄でテーマを表しやすいマルチクロスや大判のストールもお役立ちアイテム。斜めにかけて重ねづかいをすれば、大きさが足りない分もフォローできます。

着物の帯はおひなさまなど和のおもてなしに重宝

着物の帯の幅はテーブルランナーにもぴったり。長さを調節するには、両端を少しずつずらしながらじゃばら状に折っていくのもひとつの手です。

そろえたいテーブルクロス

最初の２枚はベージュとパステルグリーン

初めてテーブルクロスを購入するなら、使いまわしがきいていろいろな色と合わせやすいベージュやごく淡いグリーンがおすすめです。

プラスしていくなら季節の色を濃淡合わせて

３枚目からは、好みや手持ちの器に合わせて季節ごとの色をそろえていきましょう。濃い色は勇気がいるかもしれませんが、青や茶系なら意外に合わせやすいもの。

テーブルを演出する小物のアイディア

ひとつひとつは小さなものだけどテーブルの雰囲気を決めるのに、
かなりの実力を発揮します。収納スペースをとらないところもうれしい。

月ごとの行事を象徴した箸置きは
アクセントとしても使える便利なアイテム

小さな脇役のわりに季節感を与えてくれるのが箸置き。収納にも場所をとらないし、かわいらしいのでついついそろえてしまいます。写真は奥から右方向へ１月からの月ごとの行事を表す箸置きが順番に並んでいます。〈カジュアルな抹茶の席〉で、金魚の箸置きをセンターピースの鉢に入れたように、テーブルのアクセサリーとしても使えます。桜の花びらやもみじなどは、テーブルランナーの上に散らしてもきれい。12カ月プラスαとして、中国茶に合うものやバレンタインデーらしいものがあってもいいですね。購入するときは５つセットのほうが重宝します。

ナプキンの表情を多彩にしてくれるナプキンリング

ナプキンの折り方がいまひとつ決まらないとか、苦手だという場合は、ナプキンリングを利用してみましょう。基本的な折り方をしたナプキンにつけるだけで、とても素敵なアクセントになります。写真の右上にあるピンクのナプキンリングは、バラの花びらを模したワイヤー入り。二つ折りにしてネームプレートとして使うこともあります。その手前にある白いスクエアタイプにはアートフラワーの葉を両面テープでつけました。ビーズのナプキンリングは〈春のさくらランチ〉でセンターピースに使用。ナプキンリングもアイディアで使いこなして。

ウェルカムの気持ちをそっと伝えるネームプレート

ネームプレートは、主に洋のおもてなしで使用します。お客さまの名前を書いて席に置くので、どこに座ればいいか迷わせないのと同時に、一人一人にウェルカムの気持ちを伝えることができます。これも小さいので、数があっても収納場所に困りません。購入するときはおもてなしのテーマに合わせるようにしましょう。クリスマス用がエンジェル、夏のおもてなしがシェル、バレンタインデーがハートなど。4～6個セットで購入するか、似たようなテイストのものを2つずつそろえていくと使いまわしがきくと思います。

お料理からデザートまで ピックがあれば盛りつけの幅が広がります

クリスマスやハロウィンだけでもモチーフをかたどったピックがあると、お料理の盛りつけやケーキのデコレーションが楽しく、幅も広がります。ミートボールなどはピックを刺しておけば、つまんで食べられるので便利。手前の天使は、製菓材料のお店で、ハロウィンやクリスマス、イースターのピックは輸入物を扱っているマーケットで手に入れました。時季が来たらインポートショップやデパートなどで探してみるといいかもしれません。

ペーパーナプキンは少し大胆な絵柄や色を選んで、楽しいアクセントに

箸置きと同様、12カ月それぞれの月の行事を象徴するペーパーナプキンがあると、とても楽しい雰囲気がでます。特に大人数のお客さまをブッフェスタイルでおもてなしするなら、ナプキンの数が足りなくなってしまいがち。その点、ペーパーナプキンならかなりの人数にも対応でき、洗う手間もいらないので、あとかたづけもラクになります。写真は手前から順にクリスマスが２タイプ、ハロウィン、中国茶、バレンタインデー、イースター。柄物と合わせてプレーンなタイプも色をそろえておくと、テーマカラーに合わせられるので便利です。

ナプキンリングは、簡単手作りで工夫すれば、話のタネにもなります

115ページで紹介したナプキンリングのほかにも、私はテーマに合わせてごく簡単な手作りをしてしまいます。考えてみれば、輪になるものであれば紙でもリボンでもいいんですよね。カーテンを束ねるためのタッセル用のひもは、ボリュームもあるので使えるアイテム。結び目を軽く縫ってしまえばその都度結ぶ手間もはぶけます。ピックや貝殻などをあしらうと、さらにきれいです。ハロウィンのゴーストは包装紙から切りとって、細く切ったケント紙を輪にした上から両面テープではりつけただけ。これは毎年のように使っています。柔軟な発想で簡単な手作りをすると、それも会話のきっかけに。むしろ既製品より楽しんでくださるかたが多いようです。

コースターも少しの手間で旬を象徴するテーブルウェアに変身

縁がレース模様で穴があいているデザインを利用して、いろんなタイプのリボンを通してみたり、花やグリーンを飾ってみました。ふとした思いつきだったのですが、これが大成功。1種類だけなのに、まるで何種類もコースターを持っているようです。レース模様の器があれば、ぜひ試してみてください。リボンを通せるデザインでなければ両面テープを使って一時的につけてしまうと便利です。

手軽におしゃれに!! おすすめ食材

市川流のおもてなしは、気軽さが身上。お料理をお手軽に、
盛りつけをおしゃれに見せてくれる食材を使えば、少しの工夫でもっと素敵に！

クリスマスのアクセントに ピンクペッパーを

チャービルとともにクリスマスの赤い実をイメージして飾ると、とてもかわいらしいピンクペッパー。イースターバニーやお月見のうさぎの目に見立てても。

彩りに欠かせないグリーンは ハーブを使うのがポイント

近ごろは一年中フレッシュハーブが手に入るようになりました。どんなお料理も少しグリーンがあるとおいしそうに見えるけれど、パセリだけでなく、いろいろなハーブを使うとぐっとおしゃれな感じに仕上がります。上から時計回りに、ローズマリーは鶏肉やお魚のグリルによく使います。右上のミントはケーキやムースなどデザートに。右のイタリアンパセリはサンドイッチなどに、チャービルはクリスマスの盛りつけに。スーパーマーケットでも手に入りますが、ベランダなどに何種類かハーブの鉢植えを育てておくと、いつでも使えてとても便利。このほかルッコラやエスニック料理によく使われる香菜もおすすめです。

グリル料理に香ばしさを添えるポテトバッズ

クリスマスの「サーモンとチキンのカリカリ焼き」で使ったポテトバッズはフレーク状のじゃがいも。日本製マッシュポテトのもとでもカリカリ感がでます。

ハーブ&スパイスたっぷりのパスタソース

ハロウィンの「もちもちパンプキンパイ」でミートソースを作る際に使ったパスタソース。ひき肉や魚介類を加えてもいいし、パスタソースとしても便利。

フルーツタルトもキッシュもビスクイックで

ビスクイックは、パンケーキやタルト風のケーキなどがいろいろ作れる便利なミックス粉。めんどうなキッシュもこれがあると手軽にできます。

モントンならケーキの型がなくても大丈夫

墓石を模した「ハロウィンケーキ」はモントンを利用。まぜて焼くだけの手間いらずなうえ、円いケーキの型もセットになっているのもうれしい。

デザートにタピオカココナッツミルクの素

中国茶のデザートにはもちろん、ココナッツミルクの素にバナナを入れてさっと煮れば、ベトナム風のデザートもできます。牛乳のかわりに豆乳を加えても◎。

いつでもささっと和菓子が作れるつぶあん

〈カジュアルな抹茶の席〉で紹介した和菓子を手作りする際には、つぶあんが頼りになります。ストックしておけば、お菓子を買いに行くより早くできます。

準備のタイムテーブル

忙しくても大丈夫！ そのヒミツは段取りと効果的な時間の使い方にあります

おもてなしの準備は２日前から始めます。

というと、おおげさなことに感じられるかもしれませんが、実は負担を軽くするための手段なのです。

１日に全部やるとなると３～５時間ほども割かなくてはならないところを３日間に分けているのです。

１日１～２時間ほど時間をつくっておもてなしの準備をするなら、忙しい人でも気楽にできるのでは？

買い物やお掃除、お料理もふだんの日常のなかでやっていることにプラスαするだけですから、

おもてなしの準備といえども「ついでのこと」になるのでとても気がラクになります。

このようにして気持ちがラクになる工夫をすることによってどんないいことがあるのでしょう。

それは自分自身がとても楽しめるということ。

招いた人が心から楽しんでいれば、招かれたかたも必ず楽しい気分になるものです。

ランチのおもてなしをする設定の場合、

121～122ページのようなタイムスケジュールになります。

夕方からのおもてなしなら、２日前のスケジュールを前日に、

１日前を当日の午前中、当日を当日の午後、と考えてください。

※やることリスト※

□お掃除

□お買い物

□お料理の下準備

□テーブルセッティングに使うものをだす

□テーブルセッティングをして音楽をかける

□お料理＆ウェルカムドリンクを作る

●2日前（1～1時間半ほどを使って）

1.お掃除をすませましょう

「ここをきれいにしておけばお掃除が行き届いているように感じられる」ポイントがあります。玄関やトイレなどの水まわり、そして目線の位置です。それぞれの簡単お掃除法は次のとおり。

●玄関

①靴をシューズボックスにしまう　②掃除機のヘッド部分をはずしてあがりからたたきまでざっと掃除する　③雨のあとなどでたたきが汚れていたらボロ布（あとは捨てるだけのもの）かペーパータオルできれいにする　④シューズボックスの上など腰から上の目線の部分をふき掃除　④余力があればフラワーアレンジやオーナメントを飾る

●トイレ・洗面所

①便器はブラシできれいにする。　②便座などはトイレ用使い捨てペーパータオルでふく　③目線の部分などで目につく汚れがあればふく　④アロマオイルやポプリなどでさわやかに

2.お買い物をしましょう

ふだんのお買い物のついでにしてしまうといちばんむだがありません。メニューに合わせて買うものを必ずリストアップしてメモ書きし、買いなれているお店に行けば時間もそれほどかかりません。リストにチェックを入れながら買い物すると、なお安心です。あまり行かないお店で特別なものをそろえるときは、それ相応の時間がかかると計算してふだんよりゆとりをもたせましょう。

●1日前（1～2時間ほどを使って）

1.テーブルセッティングに使うものを用意しましょう（約15分）

①テーブルクロスやランチョンマット、センターピースはもちろん、カトラリーや食器類まで使用するものはすべてだす　②お皿やカトラリーが汚れていないか、欠けていないかチェックし、必要に応じて洗う　③ナプキンを折ってナプキンリングでとめておく　④テーブルの近くであまり邪魔にならないところに一時置きする

2.お料理を8割ほど作っておきましょう（1～2時間）

①レシピの※の部分に従って、そこまでの調理をしておく　②盛りつけるお皿を用意しておく　③ピックなど盛りつけに使う飾りを用意

3.ウェルカムドリンクを用意しましょう（5分）

①ティーバッグのお茶、またはお茶パックなどに入れた茶葉を用意して、冷水用のポットに入れ、水を注ぐ　②冷蔵庫で一晩、冷やしておく
※ウェルカムドリンクは紅茶をジュースやソーダで割ったものがおすすめ

●ランチのおもてなしなら3～4時間前には起床（!?）しておきましょう。

■2時間半前………手抜き掃除を始めましょう（15～20分）

リビング／①雑誌などだしっぱなしのものをしまう　②目につくゴミを拾って捨てる　③目線の高さの部分（リビングボードの上など）をペーパーぞうきんなどでぬぐう　③じゅうたんなら粘着テープで目につくゴミをとる。フローリングなら使い捨てモップをかけておく

トイレ・洗面所／①必要ならきれいにしてペーパータオルでぬぐう　②トイレットペーパーやタオルをチェック

玄関／①シューズボックスの上をペーパーぞうきんでぬぐう　②お客さま用スリッパを使うならだしておく

■2時間前………テーブルセッティングをして音楽をかけましょう（10～20分）

ボリュームを抑えて音楽がかかっていると、会話がとぎれた際にもなんとなく間がもちます。ジャンルはお好みですが、ロックなどあまり激しくないほうがいいでしょう。ホテルのロビーで流れているようなヒーリングミュージックなどがおすすめ。

※テーブルセッティングは10ページ参照

■1時間半前………メイクと着がえ（30～40分）

メイクはあまりきつくしないほうがエレガント。頑張りすぎて厚化粧にならないように！

■1時間前………お料理の仕上げ（20～30分）

①お料理の盛りつけを仕上げる
②冷やしておく必要のあるものは盛りつけてから冷蔵庫へ
③ウェルカムドリンクのグラスをトレイの上に用意

■残り30分でココをチェック！

- ●オーブンやレンジであたためるものはあたためる
- ●玄関、トイレ、洗面所はきれい？
- ●カトラリーやお皿はきれい？
- ●お料理は全部そろってる？
- ●最後に鏡の前に立って自分のチェック！ほほえみを浮かべてみましょう。

おもてなしを成功させるQ&A

おもてなしのハウツーはわかったけれど、まだ少し気になるところが……
そんなかたのために、よくある質問をピックアップしました。
復習も兼ねて、どうだったかな？と迷ったらお役立てください。

Q なぜ大人数のときはブッフェスタイルがいいの？

A　ブッフェスタイルやとり分けスタイルのいいところは、まず洗い物が少なくてすむため、主婦がひとりでおもてなしをする際もラクという点。たとえば5品のお料理が8人分あるとしたら、各料理を1人分ずつ別々のお皿に盛りつけるとすると単純に考えてお皿が40枚必要になります。

　でもデザート以外のお料理を大皿に盛りつけ、大きめのお皿でとり分けるようにすれば、盛りつけ用皿5枚＋取り皿8枚＋デザート皿8枚＝21枚と、約半分ですみます。かたづけに負担がかからないほうが、おもてなしもより楽しくなるにちがいありません。

　次に急に人数が増えても対応できるという点。お招きしたかたがお友達を連れていらしても、お皿を追加すれば、たいてい対処できます。もしも人数きっかりをめいめいに盛りつけてあるとしたら、どうしたらいいか迷ってしまいますよね。そんな心配がなくなります。

　それから、招いた側が席を立つ回数が減るため、お客さまが落ち着いていられる、という点です。お料理のたびに席を立っていると、やはりなんとなくせわしない感じになってしまいます。これでは会話が中途半端になってしまうこともあるかもしれませんよね。

　ちなみにブッフェやとり分けスタイルにする場合は、冷めてもおいしく、ソースなどで味つけする必要もないようなお料理にすることがコツです。

Q 次のお料理をだすタイミングを教えて

A　ほとんどのお客さまのお皿がほぼあいてきたときを見計らいましょう。ブッフェやとり分けスタイルの場合はデザート以外のお料理をすべて一度にテーブルへ運ぶので、次のお料理の心配はあまりないでしょう。

　でもお客さまのお皿があいているようなら、おかわりを促すように気を配りましょう。お料理を順番にだしていくなら、お客さまのお皿のあきかげんをさりげなくチェックして、ほぼ終わっているようなら次のお料理をおだししましょう。

　もし、そのときちょうど会話が盛りあがっていたら、お料理はしばらくあとに。会話がなんとなくとぎれたときに、「次のお料理持ってきますね」と、ひと言断ってから席を立ちましょう。

Q そろいの食器やグラスが少なくてもおもてなしはできる？

A　別々の食器を使うのもまた楽しいもの。ちがうティーカップ＆ソーサーを1客ずつ出して好きなものを選んでもらう、ということもときどきします。これもサプライズのひとつとして、会話が盛りあがりますよ。

　かつてはブランド食器などをセットで購入していたこともありましたが、今では気に入ったものを少しずつ手に入れるようにしています。ちがう食器どうしの組み合わせも素敵だと思います。

　好きなものって不思議と似たようなテイストになるので、いっしょに使っても不自然になりません。

　もしまったく別のタイプがそろっているというのなら、色を合わせるなどするといいでしょう。

Q お皿やグラスはいくつ購入すればいい？

A　洋食器のセットなら6枚・6客、和食器なら5枚・5客でそろえるのが一般的です。洋食器のセットはたいてい6枚になっています。日本は奇数がよしとされ5枚です。何枚か購入する場合は私もこの枚数でそろえます。

　だいたいこれで対応できますが、枚数が足りなくなった場合、似たようなものをいっしょに使うこともしょっちゅうあります。必ずしもそろっていなくても、テイストが合えばいいと思います。

　好みのものは結果的に似たような雰囲気になるので、それほど意識しなくてもコーディネートできますよ。

　また、ペアで購入して、4人なら2タイプ、6人なら3タイプをミックスして使うという方法もあります。

Q クロスやランチョンマットを買うときのアドバイスは？

A　テーブルクロスならプレーンなパステルカラー、ランチョンマットも使いまわしがきくタイプを選びましょう。

　テーブルクロスをまったく持っていないなら、1枚目には明るめのベージュや淡い緑、ピンクなどのパステル系がおすすめです。合わせやすいのでどんなテーマのおもてなしにも使いまわしがきいて便利です。

　ランチョンマットはお好みでいいと思いますが、使いまわせるかどうかを考えると、リバーシブルタイプやプレーンなものがいいでしょう。

　それからアクリル板もおすすめです。下にどんなものをもってくるかで、がらりと雰囲気が変わるし、こぼしたときなど、さっとふけばきれいになって汚れの心配もありません。

　アクリル板は「東急ハンズ」などで切り売りしてくれます。また、和紙を使うのもおすすめです。

Q 持っていると便利、というキッチン用品はある？

A 代用が可能な万能タイプが基本。

私はケーキを作る際も、みそこしで粉をふるったりとひとつのものを多用することが多いのです。キッチン用品はできるだけいろいろな使い方ができないと増えて収納に困ってしまうからです。

何かひとつ挙げるとしたら、フードプロセッサーはやっぱり便利だと思います。ハンディータイプのフードプロセッサーも愛用しましたが、ここ数年はフードプロセッサーさまさまです。スコーンを作るときやオードブルのムースを作るときなど驚くほど時間短縮が可能。スライサーやピーラーも場所をとらず多用途に使えておすすめです。

Q 早く来たお客さまを退屈させないためのテクニックはある？

A 早めに到着する人は必ずいると心得て、私はウェルカムドリンクと何冊かの本を用意しています。

ウェルカムドリンクは季節の香りのするアイスティーをソーダやジュースで割ったものなどを。真冬なら、あたたかい飲み物のほうがいいかもしれませんね。

本は写真集や雑誌など、あまり好みが偏っていない、しかも女性好みのきれいなものを選びましょう。

Q 子どものいるおもてなしで気をつけたいことは何？

A せっかくのおもてなしなので、「ダメ」と言わなくてすむような対策を最初からとっておくのがおすすめです。

お子さんの年齢にもよりますが、幼少のお子さんならついうっかりテーブルクロスを引っぱってしまうことがあります。だからクロスを敷かないようにしたほうがいいでしょう。汚れてもいいような使い捨てのペーパーのランチョンマットを使うのもひとつの手です。

また、お皿もおもてなしのテーマに合わせた紙皿や紙コップなどを使ってもいいでしょう。

お料理は食べやすいもので、ひと口大にしてピックを刺したり、手づかみしてもいいものにしましょう。

Q おすすめの音楽はある？

A ホテルのロビーに流れているようなイージーリスニングやヒーリングタイプ、コンピレーションなどです。

私は有線放送を受信しているので、ふだんならホテルのロビーに流れているようなソフトなクラシックとでもいうようなものにしています。

でも中国茶のおもてなしなら中国の音楽、インドならインド音楽など、テーマによってはそうしたものも選びます。テーマ編集したコンピレーションCDなどが近ごろはあるので、そうしたものを利用してもいいですね。

Q お土産は、どんなものを持っていったら喜ばれる？

A ワインかチョコレートやクッキーなど、日もちのするものがベター。

花束は、いただいたら花びんに入れなければならないなど作業が伴います。招いた側は、おもてなしの準備や段取りに気をとられていて、花を生けている間に別のお客さまがいらしたりしたら、ちょっと慌ててしまいますよね。

また、フレッシュケーキなどは相手がデザートやケーキを用意している場合は重なってしまうおそれが……　ですから、ワインやチョコレート、焼き菓子など日もちのするものがいいようです。その日にいただいてもいただかなくてもいいし、チョコレートぐらいならデザートといっしょにおだしすることもできるでしょう。

Q 狭い部屋をできるだけ広く使うテクニックはある？

A ブッフェ形式ならテーブルを片側に寄せてフリースペースをつくりましょう。

かつて私もそれほど広くないリビングに大柄のアメリカ人のお客さまを7〜8人以上もお呼びしたことがあります。その際、ダイニングテーブルを壁に寄せてしまい、椅子は反対側の壁に並べて荷物置きにして、あいたスペースにはクッションを散らしました。

テーブルに並べたお料理を好きなようにとり分け、クッションを椅子がわりに床でいただく、というブッフェ形式にしました。こうするとたいていの人数は大丈夫だと思います。

Q センターピースを置くとお皿がのらない。どうしたらいい？

A お料理のお皿を並べる際にテーブルの脇に寄せるか、場所がなければいっそかたづけてしまいましょう。乾杯や前菜がすんでからかたづけてしまってもいいと思います。これは正式なマナーにも反したことではないので、安心して行ってください。

Q テーブルクロスやランチョンマットのお手入れ法を教えて

A まずテーブルクロスやランチョンマットは購入する際に汚れのつきにくい撥水《はっすい》加工が施してあるものを選ぶのがおすすめです。

使っているときにソースや飲み物などがこぼれたら、なるべく時間をおかずに乾いたティッシュペーパーなどで軽く押さえましょう。あまりほうっておくと撥水加工でもシミになってしまうことがあります。そうなるとお手入れに少し手間がかかってしまいます。

通常の手入れ法ではランチョンマットもテーブルクロスも洗濯機で普通に洗濯したあと、干したり乾燥機にかけたりせず、生乾きの状態でアイロンがけをします。布が湿っているので、スチームは不要。このようにするとシワがずっとのびやすいのです。すっかり乾いたあとだと思いがけずシワがのびにくいんですよ。

また、使っているうちに撥水効果が薄れてきてしまいます。その場合は市販の撥水スプレーをかけるか、クリーニング屋さんに出して撥水加工をしてもらうといいでしょう。

市販のスプレーをかける場合は、少しにおいがきついのでベランダや庭先など屋外で行うほうがいいように思います。

Q おひらきの雰囲気をうまくつくるには？

A クリスマスでご紹介したドアプライズはとても自然におひらきの雰囲気になります。これをほかのおもてなしに利用するとしたら、「ささやかなお土産を用意したので、お持ちしますね」というふうにしてみてはいかがでしょう。お土産は本当にささやかなものでいいと思います。

また、ベトナムのおもてなしでご紹介したように、テーブルのセッティングとともにお土産をあらかじめおだししておいて、お持ち帰り用の袋を手渡してそれとなくおひらきを暗示してもいいかもしれませんね。

●ワイシャツナプキン（111ページ）

1

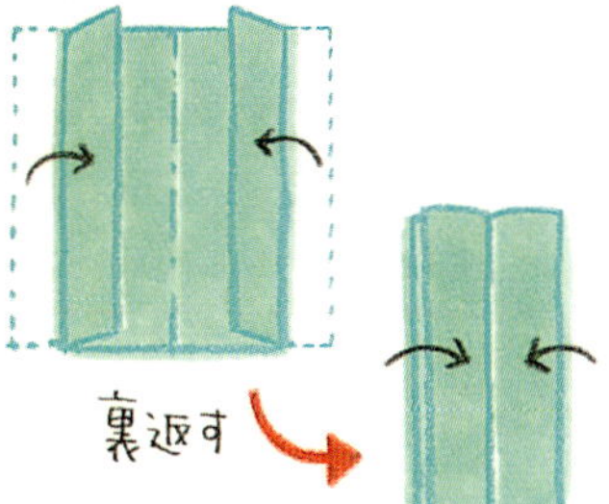

左右を6分の1ずつ折り、裏返して、今度は左右を中心線に合わせるように折る。

2

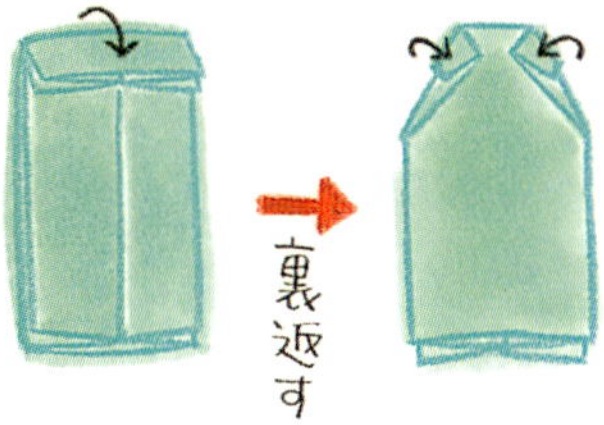

上部2cmほど手前に折り、裏返して、次に左右の角を斜めに折り返し、えりを作る。

3

2のナプキンの、下から3分の1ほどを表に折り返す。

4

さらに表に折り返して、下部を2のえりにはさむ。好みでリボンをネクタイ結びにしても。

●うさぎナプキン（111ページ）

1

ナプキンを広げ、上下の直角の部分を対角線に合わせ、図のように折る。

2

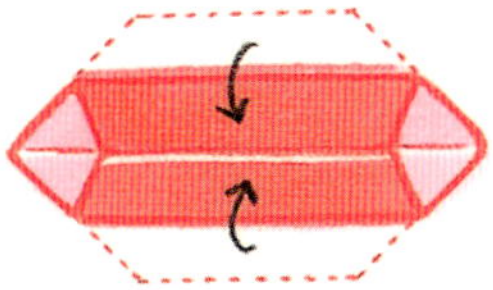

1で折った部分を対角線に向かってさらに半分に折る。

3

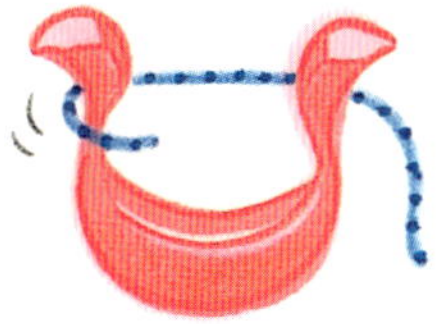

両サイドを持ち上げて、ふんわりとゆとりをもたせた状態で、好みのひもやリボンで結わく。

4

下はうさぎの顔に見立てて丸みをもたせ、上は耳に見立てて左右にたれるようにする。

●びっくり氷柱（45ページ）

1

牛乳パックに半分ぐらい水を入れ、貝や葉、花など好みの飾りを入れる。

2

パックの口を閉じ、水もれ防止のポリ袋を底にかぶせ、冷凍庫で6時間ほど凍らせる。

3

完全に凍ったら水を足し、好みの飾りを入れ、再び冷凍庫へ。これで飾りが2層になる。

4

完全に凍ったら、パックからとり出し、器に飾る。ガラス玉などといっしょに飾っても。

おわりに

自宅で『気楽なおもてなしサロン』というレッスンを開講してから4年あまりになります。そもそも私は、なにかと理由をつけてはおもてなしをするのが好きでした。けれど、10年前、まさか私がおもてなしの教室を開いているとは考えも及びませんでしたし、ましてこうして本をつくることができるなんて、思いもよらないことでした。

それでも数年前から、私は切実におもてなしの本をつくりたいと願うようになっていました。そのいちばん大きな理由は、『気楽なおもてなしサロン』を始めたきっかけと根本的には同じで、おもてなしということに対するハードルを低くしたかったからです。

だれかをお招きすると、私は「どうしたらこんなふうにできるの？」とよく聞かれました。そのたびに種明かしをすると、どのかたも親近感を覚えたような顔をなさるのです。そして、「これならなんだか私にもできそうだわ」と、みなさん口をそろえておっしゃいます。

私はこの言葉をもっともっと聞きたいと思いました。そして、実際にみなさんにやっていただけたらと思いました。

今、このページを開いているあなたの心のなかには、どんな想いがあるのでしょう。楽しくて役に立つ本にしようと一心にやってきましたが、それがうまく伝えられたかどうか気がかりです。

たとえば、毎年、買ってきたお総菜ですませてきたクリスマスを、「今年はこんなふうにアレンジしてみよう」という想いが浮かんでいるとしたら、私はとてもうれしい気持ちになります。

1年12カ月。毎月、なにかと行事があるものです。今までおもてなしやホームパーティーというとなんだかハードルが高そうで引いてしまっていたかたも、気楽にそれぞれのかたちで楽しんでいただけたらと思います。そしてそれが家族や親しいお仲間との恒例行事になったら素敵ですね。

季節がめぐるごとに、「今年もお花見パーティーの時季ね」とか「そろそろカレーランチしない？」とか、そんな会話ができることは、なんだかとってもわくわくしませんか。とりたてて何もなくても、「今週末は私の家でお茶会ね」と、いとも気軽に誘える人って、とても魅力的に感じます。

どんなに歳を重ねても新鮮さを失わないでいたいと、私は常々思っています。おもてなしは、旅行などとちがって日常のなかでできるリフレッシュ。おもてなしの時間がもたらす心地よい緊張感は、心に確かなハリを与えてくれます。おもてなしがある生活はメリハリがつきます。

この本では、たとえ同じテーマでも、これまでレッスンや雑誌・テレビなどでご紹介したことのないものを、できるかぎり作るようにしてきました。すでになんらかのかたちで私のおもてなしをご存じのかたにも、新鮮な空気を感じとっていただけたら幸いです。そして、この本を手にとってくださったすべてのかたがたの心にフレッシュな風が吹きぬけていてくれたらと願ってやみません。

市川吉恵　ICHIKAWA YOSHIE　●トータルライフコーディネーター

プロフィール

1952年東京都生まれ。慶應義塾大学文学部（美学美術史学専攻）卒業後、アメリカ・オハイオ州ウースター大学留学。1997年より自宅にて「おしゃれな暮らし方サロン」開講。収納やハウスキーピング術、アフタヌーンティーのアイディアを紹介している。2001年より「気楽なおもてなしサロン」を増設。心豊かなひとときをテーマに、遊び心とアイディアあふれるおもてなし術を提案している。自宅サロンでのレッスンのほか、ホテルのレディースサロン、カルチャーセンター、マンションセミナーなどの講師としても活躍中。著書に『マダム市川のエレガントな暮らし』（ＫＫベストセラーズ）、『50歳からの輝きのある暮らし方』（講談社）、監修書に『キホン！』（竹書房）がある。

デザイン／太田淑子
撮影／佐山裕子（主婦の友社写真室）
本文イラスト（P.125）／高沢幸子
編集協力／石川伸子
協力／雑貨屋 Rosy　星野敏子
編集／藤岡信代　柴﨑悠子（主婦の友社）

セレクトBOOKS

マダム市川の

エレガントなおもてなしレッスン

著　者／市川吉恵
発行者／村松邦彦
発行所／株式会社主婦の友社
〒101-8911　東京都千代田区神田駿河台2-9
tel. 03-5280-7537（編集）
tel. 03-5280-7551（販売）
印刷所／図書印刷株式会社

もし、落丁、乱丁、その他不良の品がありましたら、おとりかえいたします。
お買い求めの書店か、主婦の友社資材刊行課（tel.03-5280-7590）にお申し出ください。

お－111001